苏州博物馆藏瓷器

苏州博物馆 编著

文物出版社

北京·2009

封面设计：程星涛
装帧设计：顾咏梅
　　　　　袁振宁
责任印制：梁秋卉
责任编辑：黄　曲

图书在版编目(CIP)数据

苏州博物馆藏瓷器／苏州博物馆编．－北京：文物出版
社，2009.7
ISBN 978-7-5010-2670-8

Ⅰ.苏...　Ⅱ.苏...　Ⅲ.瓷器（考古）－苏州市－唐代
～清代－图录　Ⅳ.K876.32

中国版本图书馆CIP数据核字（2009）第032441号

苏州博物馆藏瓷器

苏州博物馆　编著

文物出版社出版发行
北京东直门内北小街2号楼
http://www.wenwu.com
E-mail:web@wenwu.com
北京圣彩虹制版印刷技术有限公司制版印刷
2009年7月第1版　2009年7月第1次印刷
889×1194　1/16　印张：12.5
ISBN 978-7-5010-2670-8
定价：220元

Procelain collected by Suzhou Museum

Suzhou Museum Redact

Cultural Relics Press

Beijing 2009

目　录
Table of Contents

清代瓷器/109
Porcelain Wares of the Qing Dynasty and the Republic Era

苏州博物馆系列丛书总序

一位学者说："苏州，是一座用文化打造起来的的城市，唯有用文化才能使她挺直腰杆。"一位官员说："文化，是苏州最大的魅力；文化，是苏州最强的竞争力。"

江南水乡、人间天堂的苏州，地处长江三角洲的核心地带，扼守太湖水网和京杭大运河的要津，风物清嘉，人文荟萃，是中华文明的重要发祥地之一。

悠久的历史文化积淀和传承，赋予了古城苏州独特的整体文化景观。刻于公元1229年的宋《平江图》碑，是当今世界所能看到最早的城市平面图。古城苏州"水陆并行双棋盘格局"至今仍然存在，以小桥流水、粉墙黛瓦为特征的古城风貌，使人在这古今和谐的东方水城空间环境中，处处感受到一种纤巧秀美的柔性文化魅力，感受到一种宁静婉约的优雅文化氛围。

丰厚的吴地文化遗产精华，秀外慧中，包容了千年古城、水乡古镇、园林胜迹、街坊民居等丰富多彩的物化形态，也体现在昆曲、苏剧、评弹、桃花坞木刻、吴门书画、丝绸、刺绣、工艺珍品等门类齐全的艺术形态，更表现于苏州人才辈出、群星灿烂的文脉传承。人文资源的博大、文化底蕴的深厚、文化心理的成熟和文化氛围的浓重，使苏州成为活着的文化遗产，也使苏州成为享誉中国乃至世界的魅力城市。

博物馆是展示城市魅力和竞争力的重要舞台。苏州博物馆是展示苏州地方历史文化的综合性博物馆，作为一座地域性政府主导体制下的公益性的重要文化场所，它依托全国重点文物保护单位——太平天国忠王府作为博物馆文化遗产保护和发展的基础，在苏州地区各类博物馆中，建馆最早、综合实力最强，具有举足轻重的地位。苏州博物馆现藏各类文物约三万余件，以出土文物、明清书画和古代工艺品见长，不少器物从质地到器形，既有本地特色，又有与周边文化交流的痕迹。

作为收藏、保护、研究、展示人类文化遗产的公共文化设施，博物馆体现的是一个城市和地区的文明风貌和个性，是对文明记忆的一种汇聚、凝练与传承，反映一个城市的品味、内在风格和历史文脉。当今，博物馆已经成为各国、各地区一种普遍性的文化表达方式，为社会和社会发展服务是其宗旨。在现代化和全球化背景下，博物馆和文化遗产的重要性日益凸显，它不仅担负着文化传承、文化认同的重任，是现代人高素质的精神和美感生活不可或缺的组成部分，同时也日益成为国家和地区的文化、经济与社会发展的重要支撑点。

在苏州建城2520年之际，著名建筑大师贝聿铭担纲设计苏州博物馆新馆。新馆以其大胆和意味深长的精准选址、体现继承和创新的"中而新，苏而新"的设计理念、追求和谐适度的"不高不大不突出"的设计原则、精益求精的高标准建设，成为一座既有苏州传统园林建筑特色、又有现代建筑艺术利落的几何造型、精巧的布局结构，以及完善的设施功能，并且在各个细节上都体现出丰富人文内涵的现代化综合性博物馆。新馆建筑充分利用空间资源来倡导文化，充满着古今文化传承、艺术表现以及科技进步的和谐美感和传神意韵，具有不朽和传世的经典意义，她和毗邻的拙政园、忠王府、狮子林等传统园林建筑珠联璧合，交相辉映，形成了一条丰富多彩的历史文化长廊。 苏州博物馆新馆是贝聿铭先生建筑生涯中的封刀之作，它不仅是当今苏州的一个标志性公共建筑，更是中国建筑文化从传统通向未来的一座桥梁，成为中国建筑发展创新的一个标记。同时，它把古城苏州的文化遗产保护事业推上了一个新的平台，也为苏州博物馆翻开了全新的一页。

做好新馆硬件和软件建设两方面的工作，打造苏州博物馆精品品牌，是发展文化生产力，满足人民群众日益增长的文化需求的客观需要；是建设文明苏州，实现苏州经济社会文化和谐发展的具体实践；是时代赋予我们的历史责任。为了让更多的人了解苏州博物馆的历史与文化的发展，认识苏州博物馆的藏品和展览，提升博物馆的学术水准、社会声望和荣誉地位，充分彰显博物馆的社会价值和社会文化功能，我们将陆续出版一批有关苏州博物馆藏品以及与之相关的保护和研究方面的系列丛书，以满足广大人民群众的需求。

烟雨江南，如诗如画。面对着现代化建设的高歌猛进，古城中那随处可见的古色古香，那丝丝缕缕古意的静谧，清冷而美丽着。坚守文化的精神家园，保护、传承和光大这份弥足珍贵的文化遗产，不仅是博物馆人的工作和义务，更是生活在这片土地上的人们的崇高责任。

汤钰林
2009年5月

Preface

A scholar said that the city of Suzhou is built by the culture and only the culture can straighten her back; an official said the culture of Suzhou is the most charming and competitive.

Suzhou, called the waterside city and the paradise on earth, is located in the core area of the Yangtze River Delta. It holds the network of Taihu Lake and the key post of Grand Canal. The richer land fosters more talents. It is one of the birthplaces of Chinese civilization.

The cultural accumulation and inheritance in a long history endows a unique and integrated cultural landscape to Suzhou. The Stele "Map of Pingjiang" of Song Dynasty, engraved in 1229, now is the earliest city ichnography in the world. The layout of Suzhou "the lands and rivers lying like the double chessboards" does not change greatly up to now. The scene of "the whitewashed wall with dark gray tiles" and "the water flowing under the small bridges" let the people everywhere feel a kind of gentle cultural charm and elegant cultural atmosphere in the space of an oriental waterside city. It is peaceful and harmonious.

The rich heritage of Wu culture, beauty with connotation, not only contains the substantial forms such as the 2,500-year-old waterside city, the classical gardens, the old streets and houses, but also the art forms such as Pingtan Opera, Kun Opera, Su Opera, Taohuawu Woodcut, Calligraphy and Painting of Wumen School, Silk, Embroidery and Craftwork etc. Suzhou is full of talents from ancient to today. The rich human resource, the profound cultural foundation, the mature cultural mentality and the strong cultural atmosphere let Suzhou become the living cultural heritage and the charming city in China, even in the world.

The museum is an important stage to show the charm and competition capacity of the city. Suzhou Museum, led by the government, is a comprehensive museum concerning the local culture and history. It is the earliest museum and has the strongest comprehensive strength in Suzhou. On the basis of the protection and development of the Residence of Prince Zhong of Taiping Heavenly Kingdom (National Priority Preservative Unit of the Cultural Relics), the status of Suzhou Museum is pivotal as a significant public cultural place. Suzhou Museum collects over 30,000 cultural relics and is expert in the unearthed relics, ancient craftwork, calligraphy and painting of Ming and Qing Dynasty. Some cultural relics, from her texture to shape, not only have the local characteristic, but also have the evidence of the cultural exchange with the surroundings.

As the public cultural establishment for the collection, protection, research and exhibition of the human cultural heritage, the museum reflects the civilization and character of a city, reflects the taste, connotation and history of a city. It is the concentration and inheritance of the civilization memory. Today, the museum already becomes a kind of cultural expression universally in the nations and regions. Its purpose is to serve the society and the social development. With the background of modernization and globalization, the significance of the museum and cultural heritage is highlighted increasingly. It shoulders the important task of the culture Identity and inheriting. And it is indispensable to the modern people for pursuing their high-quality spiritual life. The museum, simultaneously, increasingly becomes the important support to the cultural, economic and social development of the nations and regions.

In the 2520th anniversary of the establishment of Suzhou city, the New Suzhou Museum, designed by Mr. I.M.Pei who is a famous architect, begins to show her new appearance. The innovative design concept is "Chinese style with innovation, Suzhou style with creativity" and the harmonious design principle is "not high, not large and not projecting". Through the bold and meaningful site choice and the high-quality construction, the new museum becomes a modern comprehensive museum with the humanism connotation. It not only has the character of Suzhou classical garden, but also the simple geometric form of modern art, the exquisite structural layout and the complete function. The construction of the new museum makes full use of the space resource to advocate the culture, harmonious with the heritage, art expression and technological development. The new museum is adjacent to the classical gardens such as the Humble Administrator Garden, the Residence of Prince Zhong and The Lion Forest Garden. They enhance each other's beauty and become a varied historical and cultural gallery. The New Suzhou Museum is the last work of Mr. I. M. Pei in his career and will be an immortal and classical construction in the world. The new museum is not only a symbolic public construction in Suzhou, but also becomes an innovative mark, which bridges the Chinese architectural culture from the tradition to the future. The new museum, simultaneously, pushes the career of the cultural heritage of Suzhou to a new stage and turns a new page of Suzhou Museum.

Improving the hardware and software, and creating the cultural brand of Suzhou Museum is the need of developing the cultural productivity and satisfying the increasing cultural requirement of the people; it is the concrete practice of the civilization construction and the realization of the harmonious development of the economy and culture in Suzhou; It is also the historical duty endowed by time. We will successively publish a series of books about the collections of Suzhou Museum, their protection and research. Let more people know the collections, exhibitions, and historical and cultural development of Suzhou Museum. It also can promote the academic research, exalt the social reputation and status, and fully embody the social value and cultural function of Suzhou Museum.

Suzhou in misty rain likes a painting or a poem. Under the background of the modernization, the antiquity still can be seen everywhere in the ancient city. It is quiet, clear and beautiful. Not only the people of the museum, but also the people living in the land have the duty to hold the spiritual homeland of the culture and have the responsibility to protect, inherit and spread the valuable cultural heritage.

Tang Yulin
2009.5

前　言

中国瓷器是可以和四大发明相媲美的又一发明，是中国古代劳动人民对人类文明的独特贡献。中国瓷器集造型、书法绘画、雕塑艺术于一身，是中华民族传统文化的结晶，是古代中国的象征。智慧的中国人民用最廉价原料，采用最简单的工艺，制造出了既美观又实用的"透明陶器"，直到九世纪中叶的一位阿拉伯商人还曾感叹道："中国人能用一种优质的陶土制成花瓶，花瓶竟能像玻璃一样透明，花瓶里的水从瓶外都能看见，但它竟然是用泥土制成的"（苏莱曼，《印度中国见闻记》，851年）。令外国人为之倾倒的瓷器在中国唐代已是"无论贵贱，天下通用之"，因此瓷器最初并没有成为收藏的对象，"玩好之物以古为贵"，这里的"古"，主要是指"夏商周三代"，到了明朝初年这种局面才得以改观，"永乐剔红，宣德之铜，成化之窑器，其价遂与古敌"，温润如玉的瓷器开始跻身于收藏家追捧的行列。苏州自唐末五代以来，号称东南首邑，财赋甲区，"人无贵贱，往往皆有常产"。优越的自然环境，发达的社会经济，吸引了众多的文人墨客、商贾达宦来此定居。经过风雅文人的推崇，逐利商人的贩卖，遂使得"江南收藏甲天下"。流风所及，瓷器收藏也蔚然成风，藏家辈出，精品不绝。

苏州博物馆的瓷器收藏，开始于解放初期，当时的苏南文物管理委员会就借地利之便收集了大量瓷器珍品。1953年，苏州文管会收藏的文物划归设于无锡的苏南文管会，此后江苏省政府将原中央博物馆、江苏博物馆、苏南文管会合并，成立南京博物院，苏州文管会大部分精品划归南京博物院收藏。1960年，在苏州文管会和苏州地志博物馆的基础上苏州博物馆正式成立。经过我馆几代人几十余年不懈的努力，社会各界热心人士鼎力襄助，筚路蓝缕，涓滴不弃，目前瓷器类藏品已达3000余件组。概而言之，馆藏瓷器有如下特点：1.时代齐全，上自春秋战国，下至民国时期的瓷器，均有收藏（唐以前瓷器均为出土品，另集出版）；2.南方窑口产品相对齐全，有如景德镇窑、吉州窑、建窑、龙泉窑、石湾窑、德化窑等；3.官窑器多，并且集中在中国制瓷业最为发达的时期，如明代永乐宣德时期、清代康雍乾三朝；4.品种繁多，造型丰富。从用途上讲，有日用器、祭器、装饰瓷、赏玩瓷。从造型上讲，既有常见的碗盘壶罐瓶，也有造型别致的象生器，如人物壶、葫芦瓶，更有精美绝伦的瓷雕作品。

我馆瓷器收藏虽然起步较晚、数量相对较少，但其中不乏精品可陈，如：唐巩县窑褐绿彩绞胎花枕、宋钧窑鼓钉三足洗、明洪武釉里红菱花口盏托、明洪武釉里红缠枝菊花纹大碗、明永乐青花鸡心底碗、清康熙仿成化五彩鸡缸杯、民国居仁堂粉彩梅鹊纹碗盘等都是不可多得的精品。尤其值得一提的是，唐代巩县窑制造的褐绿彩绞胎纹裴家花枕，纹理神幻、变化多端、浑然天成，美轮美奂，巧夺天工，2008年7月曾作为中国古代科技的杰出代表在奥运大型文化活动《奇迹天工———中国古代发明创造文物展》中展出。

此次我们甄选敝馆瓷器中具有代表性的150余件结集成册出版，聊备大家清赏、探研之需。

苏州博物馆学术委员会

Introduction

As a creation comparing with the "Four Great Inventions", Porcelain-making is a significant contribution of ancient Chinese people to the human civilization. Chinese porcelain wares absorbed the essences of modeling, calligraphy, painting and sculpture arts and became the crystallization of Chinese traditional culture and symbol of ancient China. The intelligent ancient Chinese people made elegant and practical "Translucent Pottery" utensils with the cheapest material and simplest technique; this wonderful product makes an Arabian merchant in the mid-ninth century admire that "They have a pottery of excellent quality, of which bowls are made as fine as glass drinking cups; the sparkle of water can be seen through it, although it is pottery (Sulaiman; see Sauvaget, Jean [trans. and ed.] 1948. Ahkbar as-Sin wa l-Hind; Relation de la Chine et de l'Inde, re (dige) e en 851. Paris: Belles Lettres. vol. 16, section 34)". This kind of porcelains admired by the people abroad had been popularly used by Chinese people of all social classes and ranks in the Tang Dynasty, therefore they did not become objects for collection; "the treasured curios were all the ancient ones", the "ancient" here refers to the "Three Dynasties" -- Xia, Shang and Zhou. Until the beginning of the Ming Dynasty, the situation somewhat changed: "the Carved Lacquer Ware of Yongle Period (1403-1424), the Bronze Wares of Xuande Period (1426-1435) and the Porcelain Wares of the Chenghua Period (1465-1487) are regarded as precious as the antiquities." The porcelain wares as fine and exquisite as jades began to get in the line of the pursuits of collectors. Since the later Tang Dynasty and the Five Dynasties Period, Suzhou was the top town to the south of the Yangtze River, the richest and the most important national revenue provider in the southeastern China, "rich or poor, the Suzhou people all have firm properties." The favorable natural environment and prosperous social economy attracted many literati, artists as well as merchants and other rich people to settle down here. The promoting of the literati and the trading of the profit-pursuing merchants impelled the custom of collecting antiquities in Suzhou area and made here "number one of collection under the sun." Porcelain collection, as one branch of this custom, also raised generations of famous collectors and wonderful collections.

The porcelain collection of Suzhou Museum was started in the early period of Liberation, when the Southern Jiangsu Provincial Committee for Protection of Antiquities and Monuments gathered large amounts of rare porcelain samples. In the year 1953, the Suzhou Municipal Committee for Protection of Antiquities and Monuments transferred the cultural relics collected by them to the Southern Jiangsu Provincial Committee for Protection of Antiquities and Monuments which was set in Wuxi; after that, the old Central Museum, Jiangsu Museum and Southern Jiangsu Provincial Committee for Protection of Antiquities and Monuments were amalgamated into Nanjing Museum, to which most of the best samples in the collection of Suzhou Municipal Committee for Protection of Antiquities and Monuments were transferred. In the year 1960, Suzhou Museum was established based on the original Suzhou Municipal Committee for Protection of Antiquities and Monuments and Suzhou Local History Museum. In the several decades since, through the constant efforts of our staff members and the zealous assistances of our patrons and amateurs in all walks of lives, we went in for our cause in hard conditions by tightly seizing every tiny moment and not ignoring any seemingly trivial chance, and have accumulated our porcelain collection into more than 3,000 pieces or sets. In

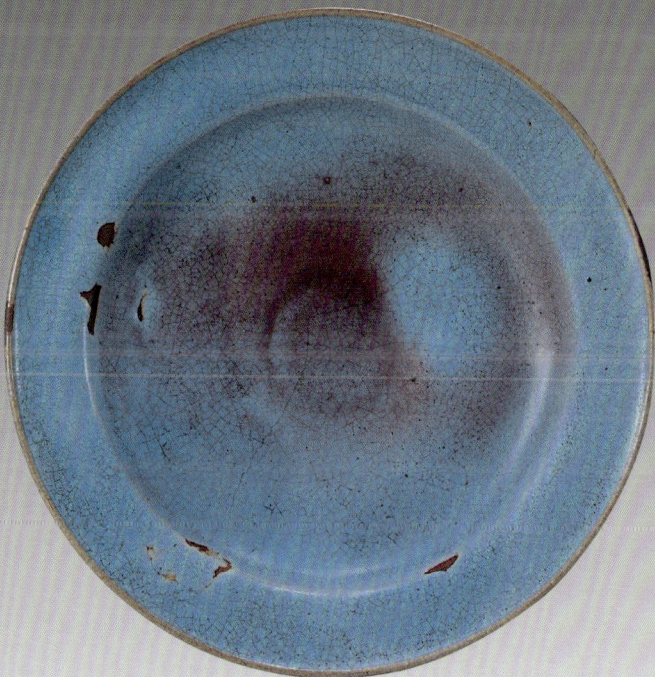

钧窑板沿盘

Plate with Wide Flat Rim, Jun Ware

宋 Song

高3.4厘米 口径18厘米 底径7.7厘米

敞口，平板沿，折边，浅腹，矮圈足。内外均
施天蓝釉，釉色温润浑厚，釉面有开片。盘心
有紫红晕斑，彩斑色彩斑斓，流淌自然，变化
万千。盘口釉薄显现胎色，圈足涂有芝麻酱色护
胎薄汁，足内有釉。钧瓷釉色有一种幽雅的蓝色
乳光，其色调之美，妙不可言，由于釉色的相
互交融而产生的无数颜色不一、形状各异的窑
变，构成钧瓷区别于其他青瓷的一个特色。（何
泽英捐赠）

钧窑鼓钉三足洗

Three-legged Round Washer with Drum-nail
Patterns, Jun Ware

宋 Song

高9.2厘米　口径23.9厘米　底径17.5厘米

大口平沿，弧形腹，器身作鼓式，下承三如意形
扁足。外口沿及腹部分别饰鼓钉纹及弦纹，口沿
处鼓钉22枚，腹部18枚。形制规整端庄，纹样简
练古朴。器内外施蓝色乳浊釉，发色较淡，呈天
青色，聚釉处更淡成月白色，洗内釉面有北宋钧
窑特有的"蚯蚓走泥纹"。洗底刷酱色釉，附有
一圈22个支烧钉痕，并刻有"一"字，是同类产
品中最大型号的标记。（庞增和捐赠）

龙泉窑梅子青菊瓣纹洗

Plum Green-glazed Washer, Longquan Ware

宋 Song

高4.2厘米 口径15.5厘米 底径6.6厘米

胎质细腻。敞口，折沿，弧腹，平底，矮圈足。洗内壁刻凸菊瓣纹一周，线条流畅简练，生动有力。通体施厚釉，光泽明亮，质莹如玉，足端露胎。釉色呈梅子青，尤如翡翠一般。梅子青釉是龙泉青釉中最精美的釉色之一，因其颜色青新润泽如青梅，故而得名。

定窑刻花海水纹瓷枕

Pillow with Incised Sea Wave Design, Ding Ware

宋 Song

高12.3厘米 口径24厘米 底径15.5厘米

胎质洁白。腰圆形，枕面呈圆弧形，前低后高。
通体施釉，釉层均匀。枕面外周以弧线勾勒数
周，枕面中心刻海水纹，海水波涛汹涌，刀法细
腻，线条流畅，形象生动。

磁州窑白瓷孩儿枕

White-glazed Child-shaped Pillow, Cizhou Ware

宋 Song

高24厘米 纵7.7厘米 横15.2厘米

枕作孩儿伏地状，以孩儿背作枕面。孩儿两手交叉放于胸前，头微微向上抬起，双目直视前方，双肘和双膝着地，头饰两黑色丫辫。孩儿全身施白釉，釉色微泛黄，釉面有开片。整器造型别致，孩儿神态生动，宽额丰脸，憨态可掬。

钧窑红斑胆瓶

Red Mottled Gall-bladder Vase, Jun Ware

元 Yuan

高15.9厘米 口径2.9厘米 底径6.6厘米

小唇口外卷边，细长颈，胆形瓶腹，圈足。器身
满施月白釉，施釉不到底，釉层肥厚滋润，并有
小开片。器身有大小多块窑变红斑。钧窑的这种
红斑，是由于青蓝色釉中三价铁的青色和铜的红
色合成而形成的，烧成后釉色青中带红，有如蓝
天中晚霞，即所谓"钧红"。钧窑属北方青瓷系
统，其独特之处是使用一种乳浊釉，即通常所说
的钧窑窑变色釉。钧瓷的窑变釉之美，有赞曰：
"入窑一色，出窑万彩；钧瓷无对，窑变无双；
千钧万变，意境无穷。"

龙泉窑褐斑盖罐
Brown Mottled Jar with Lid, Longquan Ware

元 Yuan

高6.5厘米 口径4.8厘米 底径4.8厘米

造型淳朴，直口，短颈，鼓腹，圈足矮而宽阔，
具有稳重感。胎色白中带灰。釉色为粉青色，在
器身和盖上有褐色点彩，分别为六点和四点，罐
盖露胎处呈朱砂色。从整个器物的型、色、彩来
看具典型的元代风格，是元代龙泉窑青瓷中的一
件精品。

龙泉窑钵式碗

Palm Bowl, Longquan Ware

元 Yuan

高10厘米 口径22.4厘米 底径6.5厘米

胎体厚重，胎质致密细腻，白中泛青色。唇口微外撇，小折肩，弧收腹，圈足。通体施青釉，色泽青翠柔美，釉层肥厚，匀净莹润，玻璃质感很强，足端露胎，显火石红。外壁饰菊瓣纹，线条流畅，立体感强。内壁以大片花叶装饰，刀法犀利，纹理清晰。

龙泉窑坐像人物水注
Seated Human Figure-shaped Water Dripper, Longquan
Ware

元　Yuan

高7.9厘米

胎质细腻，白中带灰。注身为头裹幞头、身穿
曲领衫、腰服玉带、手扶双膝的唐宋职官坐
像。腰右侧斜升一柱为壶的流，左肩后背有一
个直径0.5厘米的小孔以作灌水、出水的回气
孔。通体施青绿色釉，施釉不到底，胎、釉交
界处有窑红。

龙泉窑菊瓣纹荷叶盖罐

Jar with Chrysanthemum Petal Pattern and Lotus
Leaf-shaped Lid, Longquan Ware

元 Yuan

高7.5厘米 口径7厘米 底径4厘米

胎体坚致细密。直口，短颈，上腹圆鼓，下腹
至胫部内收，底部内凹成圈足。荷叶形盖，盖
面拱起，盖面饰凸菊瓣纹。盖内沿、罐口部和
足端露胎，其余部分均施粉青釉，釉色匀净，
素雅莹润。器腹部以凸菊瓣纹装饰，纹理清
晰，线条流畅。此器造型、纹饰等均具典型的
元代风格，为元代龙泉窑罐类器中的典型器。

龙泉窑缠枝菊花纹罐

Jar with Intertwined Chrysanthemum Branch and
Flower Designs, Longquan Ware

元 Yuan

高22.3厘米 口径24.7厘米 底径18厘米

胎体厚重，胎质坚致细润。直口，上腹圆鼓，
下腹至胫部内收。内外施青釉，釉面肥厚润
泽，口部和足端露胎。腹部暗刻缠枝菊花纹，
刻工精细，线条流畅。胫部刻饰仰莲瓣纹，丰
满挺拔。此罐原配有荷叶形盖，现已缺失。

明代瓷器

釉里红缠枝菊花纹大碗

Underglaze Red Bowl with Intertwined Chrysanthemum
Branch and Flower Designs

明·洪武 Hongwu Era (1368—1398), Ming

高16.5厘米 口径42厘米 底径22.8厘米

胎骨厚重，形体硕大。敞口，弧腹，圈足。釉面
莹润。内外满绘釉里红缠枝菊花纹饰，纹饰布局
繁密，图案纹样清晰。器物在造型及纹样上都保
留有元代的遗风。缠枝花卉画工规整而流畅，为
明洪武时期的典型器。

缠枝菊花纹菱花口盏托

Saucer with Intertwined Chrysanthemum Branch and Flower Designs and Water Chestnut-flower-shaped Rim

明·洪武 Hongwu Era (1368—1398), Ming

高2.7厘米 口径19.5厘米

足径12.7厘米 中心脐圈直径5.4厘米

共十件，其形制、大小基本一致，装饰品种有釉里红和青花。

釉里红地白色缠枝菊花纹菱花口盏托

器胎白细厚重。菱花式折沿唇口，浅弧花瓣形壁，平底，浅大圈足。内外施透明釉，釉面肥厚莹润，釉色白中闪微青，底无釉，呈火石红。以釉里红色为底色，露显白色缠枝菊花花纹。

釉里红缠枝菊花纹菱花口盏托

此器与釉里红地白色缠枝菊花纹菱花口盏托的大
小、底足特点等基本一致，只是它以釉里红绘纹
饰。其装饰内容也基本一致，唯脐圈内纹饰有
别，分别为折枝海棠、折枝山茶、折枝牡丹、折
枝菊花和如意头宝相花等。

青花缠枝菊花纹菱花口盏托

此器与釉里红缠枝菊花纹菱花口盏托基本一致，只是用青花来装饰器物，脐圈内纹饰为折枝番莲纹和如意头宝相花。青花发色艳丽明快，有晕散现象，浓重处呈藏青色，凝聚处可见黑褐色结晶斑。平底，有火石红色和白色细砂两种。

青花缠枝花卉纹碗

Blue-and-White Bowl with Intertwined Floral Designs

明·永乐 Yongle Era（1403—1424），Ming

高7.8厘米 口径17厘米 底径7.8厘米

胎质细腻洁白，造型规整。撇口，弧腹，圈足高深且外撇。通体施白釉，釉色晶莹肥厚，白中闪青。内壁青花绘缠枝牡丹、菊花、石榴、莲花、芙蓉和秋葵等花卉纹饰，碗中心青花双圈内绘折枝牡丹花。器物内口沿处绘回纹一周。器外壁青花绘四层纹饰，从上到下分别为卷草纹、缠枝莲花纹、变相莲瓣纹和曲带纹。

青花鸡心底碗

Blue-and-White Bowl with Steep Belly

明·永乐 Yongle Era（1403—1424），Ming

高9厘米 口径16厘米 底径4.3厘米

敞口，深腹，小圈足，底心有鸡心样凸起。通体施白釉，白中泛青，釉面肥厚晶亮。青花绚丽鲜艳，清晰明快，有浓重凝聚的结晶斑点，呈星状点滴晕散现象，表面凹凸不平。器内纹饰由口沿的单线纹、中心的宝相花和一圈缠枝宝相花构成，器外纹饰由口沿的回纹、下腹的莲瓣纹和圈足的海水纹组成。

甜白扁腹绶带葫芦瓶
Sweet White-glazed Gourd Flask with Ribbon Design

明·永乐 Yongle Era (1403—1424), Ming

高29.1厘米 口径3.4厘米 足径6.5×5厘米

亦称扁壶。胎质洁白。细长葫芦形口，扁圆腹，底足较小，颈腹间附有对称弧形绶带耳。腹部上下接痕明显。通体内外施透明釉，釉面肥厚莹润，聚釉处闪烁灰青的光泽。甜白是明永乐朝景德镇官窑所创制的半脱胎白瓷，胎薄釉莹，有甜净之意，故名。"甜白"也称"填白"，是指在此白瓷上可填彩绘。明代宣德、成化、弘治、正德及嘉靖、万历时都曾烧制相类的白瓷，但均无法与永乐"甜白"媲美。

青花十棱菱花口碗

Blue-and-White Decagonal Bowl with Chestnut-flower-shaped Rim

明·永乐－宣德 Yongle to Xuande Era (1403－1435), Ming

高9.9厘米　口径20厘米　足径8.1厘米

胎质细白，致密坚硬。碗口至圈足呈十棱菱花形，撇口，壁微斜，弧形深腹，外十棱菱花形、内圆直圈足。内外纹样均以青花绘成，器心双圈中绘五趾团龙纹，口沿内外绘双弦纹。外壁中央绘十组五趾团龙纹，圈足外墙根部饰双弦纹。纹饰线条纤细流畅，图案绚丽鲜艳，清晰明快。在线条的纹理中有结晶斑，呈星状点滴晕散。

青花缠枝葡萄纹大盘

Blue-and-White Bowl with Intertwined Grape Designs

明·永乐－宣德 Yongle to Xuande Era（1403—1435），Ming

高6.8厘米 口径37.7厘米 底径24.1厘米

胎质细腻匀净。板沿口、弧腹、平底、浅圈足。
施白釉，白中闪青，釉面肥厚莹润。盘心青花双
圈内绘三串缠枝葡萄，内壁绘缠枝牡丹、莲花、
海棠、芙蓉、宝相花和菊花等，板沿口绘一圈
海水波涛纹。器外壁绘一圈缠枝牡丹、莲花、菊
花、芙蓉和宝相花等纹饰。

甜白划花葡萄花果纹菱花口盘

Sweet White-glazed Plate with Incised Grape Blossom and Fruit Designs and Water Chestnut-flower-shaped Rim

明·永乐—宣德 Yongle to Xuande Era (1403—1435), Ming

高2.6厘米 口径20.1厘米 底径11.7厘米

菱花式折沿口，浅腹，浅圈足，细砂平底。釉肥厚而洁净。折沿内一圈十六组灵芝纹，内壁由荔枝、牡丹、枇杷、茶花、石榴、芙蓉、桃和菊花等组成花果纹，盘中心为一组缠枝葡萄，盘外壁由四组灵芝与四组梅花相间构成。均以划花的手法装饰。

青花缠枝牡丹纹大碗

Blue-and-White Bowl with Intertwined Peony Design

明·宣德 Xuande Era（1426—1435），Ming

高10.6厘米 口径29.3厘米 底径12.3厘米

造型规整，胎体厚重。侈口，弧腹，圈足。碗心
素白，外壁绘花。口沿及圈足纹饰相同，双线弦
纹两周，内画梅花，排列四周，分别为三十一朵
和十六朵。外壁中部绘有缠枝牡丹花八朵，枝叶
并茂，疏放有致，花下为仰莲十九瓣。上腹部正
面书有"大明宣德年制"横款。

青花折枝花果纹大盘

Blue-and-White Plate with Plucked Flower and Fruit Designs

明·宣德 Xuande Era (1426—1435),Ming

高5厘米 口径29.9厘米 底径20.3厘米

胎质细腻，器形规整。侈口、浅弧腹，圈足，砂底。青花色泽纯蓝，无黑色锈斑，为国产含锰较高的钴土矿青料烧造。盘内壁绘青花折枝仙桃、荔枝、樱桃和柿子，中心纹饰为千叶榴花。外壁口沿处有青花匾额式款"大明宣德年制"，腹部四周为折枝番莲四组。底足露胎处火石红色明显。

青花缠枝莲花纹盘

Blue-and-White Plate with Interwined Lotus Flower Design

明·宣德 Xuande Era (1426–1435), Ming

高3.3厘米 口径13.7厘米 底径8厘米

器口外撇，器足向里收敛。通体施白釉，釉面细白匀净，呈橘皮纹。盘中心饰有青花折枝莲一朵，内外壁各有青花缠枝莲六朵。青花纹饰豪放，笔法酣畅淋漓，青花明快、浓重与淡雅参差相间。在施满釉底的蓝色双圈内书"大明宣德年制"六字二行楷书青花款。

青花把莲纹大盘
Blue-and-White Plate with Design of a Bundle of Lotus

明·宣德 Xuande Era (1426—1435), Ming

高5.9 厘米 口径34.1厘米 底径24.7厘米

侈口，弧腹，圈足，砂底无釉。盘心绘用绸带扎束在一起的莲花、莲蓬、浮萍等水生植物，随着水流动的波纹轻轻荡漾。内外壁以牡丹、山菊和茶花等相衬托，口沿绘边饰。此类青花主题纹饰称"束莲纹"，又称"把莲纹"，是宣德瓷器上独具特色的装饰。此器是宣德时期的典型器物。

青花海水白龙纹盘

Blue-and-White Plate with Sea Wave and White Dragon Designs

明·宣德 Xuande Era (1426—1435), Ming

高4厘米 口径18.9厘米 底径12厘米

撇口、弧腹、里直外敛式浅圈足。口沿内外为双蓝圈，器内心青花双圈内满饰勾边露白青花海水波涛，蓝白相间的波涛翻腾汹涌，层次分明。青花发色艳丽，有晕散现象。主题纹为一条五趾白龙，龙身矫捷，神态威猛，极富动感。器外壁饰海水江石与五趾白龙两条，一回首相望，一昂首向前，呈追赶戏耍之态。外底青花双圈内书"大明宣德年制"六字二行楷书款。

青花缠枝莲托八宝纹罐

Blue-and-White Jar with Design of "Eight-Treasure on Lotus Flower Bases" Surrounded by Interlocked Lotus Designs

明·宣德 Xuande Era (1426-1435), Ming
高17厘米 口径14.1厘米 足径12.6厘米

唇口，短直颈，丰肩，肩以下渐敛，圈足。通体青花装饰，颈部绘圈点纹，肩部及近足处分别绘覆仰莲瓣纹各一周，腹部绘缠枝莲托八宝纹。外底青花双圈内有"大明宣德年制"六字二行楷书款。此罐造型敦厚，釉色滋润，白中闪青，青花发色浓艳，泛铁锈斑，所用青料为进口的苏麻离青料。

青花缠枝花卉纹豆

Blue-and-White *Dou*-Stemmed Bowl with Intertwined
Floral Designs

明·宣德 Xuande Era (1426—1435), Ming

高10厘米 口径8厘米 底径6.6厘米

胎骨厚重。敞口、鼓腹、高圈足、足胫短、足座
外撇中空。釉色白中泛青，细腻如脂。豆内心豆
蓝色双圈内画折枝花卉一枝。外壁口沿处画斜格
纹一周，弦纹两周，下有"大明宣德年制"六
字单行的楷书匾额式款。外壁腹部饰缠枝花卉六
朵，花下仰莲三十三瓣。沿足处绘莲瓣纹和点状
连珠纹各一周。原器有盖，已佚。

素白鸡心大碗
Plain White-glazed Bowl with Steep Belly

明·宣德 Xuande Era (1426—1435), Ming
高8.5厘米 口径17厘米 足径5.8厘米

胎质白细坚致，器表有细小凹坑，胎体较永乐略重。侈口微撇，深弧腹，小圈足，底心有鸡心样凸起。器形不如永乐时期同类器物秀丽，略显丰满，底足较永乐器高。通体施透明釉，釉色白中闪微青，釉面有明显的橘皮纹，圈足釉汁聚厚处呈浅淡的虾青色。外底内青花双圈内书"大明宣德年制"六字二行楷书款。

青花缠枝莲纹梅瓶

Blue-and-White Plum Vase with Intertwined Lotus
Design

明·正统 Zhengtong Era (1436—1449),Ming

高34.5厘米 口径5.6厘米 底径11厘米

此瓶为明早期的典型器，造型挺拔俊秀。唇口、
短颈，丰肩，肩以下渐收，圈足，砂底。釉色白
中泛青。颈部饰线纹，肩部绘缠枝花卉，腹部饰
缠枝莲纹，足部绘蕉叶纹。

青花人物纹梅瓶

Blue-and-White Plum Vase with Human Figure Design

明·景泰 Jingtai Era（1450－1457），Ming

高26厘米 口径4.9厘米 底径9.5厘米

圆唇口，短直颈，丰肩，长腹渐收，足跟外撇。釉层肥厚滋润，釉面匀净，为明代早期釉面的普遍特征。通体青花装饰，青花发色沉稳，有铁锈斑呈现，又与宣德时期的苏麻离青料呈色有所区别。青花所绘人物生动传神，画面运笔自然，古朴飘逸。

明代正统、景泰、天顺三朝历时近三十年，正值景德镇御窑厂生产低落的时期，迄今还未发现有确切纪年款识的官窑瓷器，被称为明代陶瓷史上的空白期。

青花缠枝并蒂菊花纹碗

Blue-and-White Bowl with Design of Intertwined Co-stalked Chrysanthemums

明·成化 Chenghua Era (1465—1487)，Ming

高6.9厘米 口径15.4厘米 足径5.2厘米

胎质细腻纯净，胎体轻薄，修胎规整，在光线透视下显肉红色。侈口、斜壁、弧腹、直圈足，底心凸起，整个碗成半球形。器内外施透明釉，釉面滋润，光洁无瑕，釉色洁白，聚厚处微闪青色。外壁以青花在上下双弦纹间绘五组连续缠枝并蒂菊花纹，圈足外墙饰双弦纹。青花色泽淡雅青亮，为平等青料发色，与永乐、宣德浓重青翠的苏麻离青截然不同。外底青花双圈内书"大明成化年制"六字二行楷书款。

064

青花海水瑞兽纹盘

Blue-and -White Plate with Sea Wave and Auspicious Animal Designs

明·成化 Chenghua Era（1465－1487），Ming

高3.7厘米 口径15.5厘米 足径8.6厘米

胎体厚薄均匀。撇口、弧腹、圈足。通体施白釉，釉面匀净莹润，青花发色沉稳。以浅淡青花绘海水、深沉青花绘兽纹，立体感极强。盘内壁绘海水瑞兽纹，盘心双圈内绘一翼龙穿行于汹涌澎湃的海水之中，龙体矫健，五爪有力。外壁绘海水浪花地海兽纹，兽体一半在海水之上，一半陷于海水之中，若隐若现，形象生动。

素白暗花螭虎龙暗款碗

White-glazed Bowl with Veiled Tiger, Dragon and
Hornless Dragon Designs and Hidden Date Inscription

明·弘治 Hongzhi Era (1488-1505), Ming

高5.9厘米 口径10.7厘米 底径4厘米

整器敦厚古拙。侈口，深腹，里直外敛式圈足。
内外壁均为白素。胎和釉质均薄，白润如玉。碗
内心划有图形螭虎龙及暗花。底内刻有暗款"弘
治年制"四字。

黄釉盘

Yellow-glazed Plate

明·弘治 Hongzhi Era (1488—1505), Ming

高4.5厘米 口径22.5厘米 底径13.1厘米

胎质洁白细腻。敞口，浅腹，圈足。黄色釉面肥腴滋润，呈色娇嫩清亮。低温黄釉瓷创烧于明初景德镇御窑厂，传世品罕见。因当时以浇釉法施釉，故有"浇黄"之称，又因呈色娇嫩而有"娇黄"的美誉。外底青花双圈内书"大明弘治年制"六字二行楷书款。

白釉暗花海水云龙纹盘
White-glazed Plate with Veiled Sea Wave and Cloud-Dragon Designs

明·正德 Zhengde Era (1506—1521), Ming

高4.7厘米 口径22.6厘米 底径14.8厘米

胎体厚薄均匀，胎釉细腻，白中闪灰。盘口微侈，浅弧腹，矮圈足。盘内心饰有一条腾升长龙，龙身盘曲遒劲，其间辅以三朵祥云。外壁饰两条行龙，并暗刻海水江崖纹，刻纹清晰流畅。外底青花双圈内书"大明正德年制"六字二行楷书款。此器制作方法是，先在胎体上印出龙纹，然后用锐器划出龙须、爪、麟等细部，施白釉时留出龙纹图案，烧制后，露胎部分的微量铁与氧相结合呈现出火石红色，白釉和火石红色相互映衬，别具一格。

黄地绿龙盘

Yellow-glazed Plate with Green Dragon Design

明·正德 Zhengde Era (1506—1521), Ming

高3.9厘米 口径18.6厘米 足径12.9厘米

胎质细腻坚致，胎休厚薄均匀。口微敛，浅弧腹，矮圈足，底微塌。盘外壁黄釉地上绘有绿彩龙和云纹。圈足釉底青花双圈内有"正德年制"四字二行楷书款。整器绿彩柔和，黄彩娇嫩。黄地绿彩，始创于永乐朝，是皇家控制最严格的一种釉色，明清两代黄釉器只有皇家才能使用，有严格的等级差异。

黄釉盘

Yellow-glazed Plate

明·正德 Zhengde Era（1506—1521），Ming

高4.3厘米 口径20.6厘米 足径12.1厘米

胎质细腻洁白。撇口，斜壁，弧腹，里直外敛式
大圈足，底下塌。器内外施黄釉，黄色娇嫩，色
调比弘治时深。底施透明釉，釉色白中闪微青。
瓷器上纯正的黄色，始自明宣德年间，明中期成
化、弘治年间的黄釉达到了历史上最高水平。
外底青花双圈内书"大明正德年制"六字二行
楷书款。

鲜红白鱼暗花盘
Red-glazed Plate with White Fish Design and Veiled Patterns

明·正德 Zhengde Era (1506-1521), Ming

高4.1厘米 口径20.8厘米 足径12.2厘米

造型端庄凝重。胎质细润。口微撇，斜壁，浅弧腹，圈足微内敛。盘壁所饰鲭、白、鲤、鳜四尾鱼寓有"清白廉洁"之意，此种纹样在明中晚期景德镇官窑瓷器上非常流行。此盘是正德期在力图重振烧制红釉器时的作品。

抹红缠枝牡丹纹盘

Spread Red-glazed Plate with Interlocked Peony Design

明·正德 Zhengde Era (1506—1521), Ming

高4.1厘米 口径17.5厘米 底径10.8厘米

器口外撇，器足向里收敛。釉面纯白匀净，但白
中带灰。盘外壁釉上以珊瑚红绘缠枝牡丹六朵，
以枣皮红勾勒花叶。口沿外及腹股处饰双红弦
纹，圈足下沿为单红弦纹。底部为双圈"正德年
制"四字二行楷书红款。

祭蓝麒麟纹执壶

Sacrificial Blue-glazed Pitcher with Kylin Design

明·正德 Zhengde Era（1506—1521），Ming

高22.4厘米 口径4.9厘米 底径7.5厘米

胎体厚重。盘口、细颈、扁圆腹、弧形流、曲柄、圈足、宝珠形纽盖。壶内及底部施青白釉，外壁施蓝釉，蓝釉色泽沉稳幽暗，釉面厚薄不匀。颈部刻朵云纹，腹部鸡心形开光内刻麒麟纹。蓝色釉地衬托出露胎火石红色的纹饰，颇具立体效果。圈足露胎，修胎不规整，有明显的粘砂现象，为民窑产品。

青花孔雀牡丹花碗（一对）

Blue-and-White Bowls with Peacock and Peony Designs
(a pair)

明·嘉靖 Jiajing Era (1522－1566), Ming

高7.2厘米 口径15.4厘米 底径5.8厘米

造型规整，胎质坚致细密。撇口、弧腹、圈足。釉
面欠平，但很细润，青花色调呈紫蓝。器内口沿为
双弦纹和回纹，内壁由六朵灵芝八角云头组成，中
心青花双圈内绘云纹图案。器外沿为青花双弦纹，
外壁为孔雀牡丹花，足上为单弦纹。外底青花双圈
内书"大明嘉靖年制"六字二行楷书款。

青花寿桃云龙纹碗
Blue-and-White Bowl with "Longevity Peach" and Cloud-Dragon Designs

明·嘉靖 Jiajing Era (1522-1566), Ming

高9.5厘米 口径16.9厘米 底径7.4厘米

胎体坚致厚重。敞口，深腹，圈足。通体施白釉，釉面肥润亮泽。口沿内外及近足处绘两道青花弦纹，碗心青花双圈内绘五爪云龙纹，外壁以青花缠枝莲托寿桃纹装饰，中有一带圆圈的"寿"字。青花发色浓重艳丽，纹饰古朴雅致，画工随意洒脱，气势粗犷飘逸。外底书青花"大明嘉靖年制"六字二行楷书款。

大明嘉靖年製

青花缠枝花卉纹盘
Blue and-White Plate with Intertwined Floral Designs

明·嘉靖 Jiajing Era (1522－1566)，Ming
高3.7厘米 口径19.7厘米 底径10.9厘米

胎质紧密坚致。撇口、弧腹、圈足。通体施白釉，釉质青亮肥润。盘心青花双圈内绘缠枝花卉，口沿内外饰两道青花弦纹，外壁青花绘缠枝花卉纹。青花发色深沉浓艳，画工自然流畅，笔触娴熟。外底书青花"大明嘉靖年制"六字二行楷书款。

青花缠枝花卉八卦八棱盘
Blue-and-White Octagonal Plate with Eight-Trigram and Intertwined Floral Designs

明·嘉靖 Jiajing Era（1522－1566），Ming

高3厘米 口径12.7厘米 底径6.8厘米

胎质紧密坚致。盘口呈八边形，斜腹，圈足。通体施白釉，釉色莹润亮泽。盘心青花八边形框内绘云纹，框外绘缠枝花卉纹。盘外壁青花绘云纹和道教传统纹饰八卦。青花发色浓重艳丽，纹饰古朴典雅。外底青花双圈内书"长命富贵"四字二行楷书款。

青花琛宝如意花小杯

Small Blue-and-White Cup with *Ruyi* Design

明・嘉靖 Jiajing Era（1522—1566），Ming

高4.7厘米 口径8.5厘米 底径3.6厘米

胎质坚致细密。撇口，弧腹，圈足。釉面莹润光亮，青花发色沉稳，纹饰清秀雅致。口沿内外壁及近足处绘三组青花双弦纹，杯心青花双圈内绘如意花纹饰，外壁绘如意花托轮、螺、伞、盖吉祥纹饰。外底青花双圈内书"大明嘉靖年制"六字二行楷书款。

青花如意云纹盘（一对）

Blue-and-White Plate with Ruyi-cloud Design (a pair)

明·嘉靖 Jiajing Era (1522—1566), Ming

高3.4厘米 口径14.9厘米 底径8.5厘米

胎质坚致细密，撇口，折腰，圈足，通体施白釉，釉色白中微闪青，釉面莹润光亮。盘心青花双圈内绘环形如意头纹，口沿内外绘两道青花弦纹。盘外壁饰青花祥云纹，规则的分布于器壁上。青花发色纯正，纹饰自然流畅，绘工精细。外底青花双线方框内书"大明嘉靖年制"六字二行楷书款。

青花云纹三足炉
Blue-and-White Tripod Censer with Cloud Design

明·嘉靖 Jiajing Era (1522—1566), Ming

高7.7厘米 口径9.5厘米 底径8厘米

胎质坚致细腻。唇口,直筒形壁,三足。中心团
脐和器内壁不施釉,余施白釉,外底露胎。釉色
白中泛青,釉面匀净滋润。外壁口沿处青花绘花
瓣形边饰一周,腹部绘青花留白如意云纹,周围
间以朵朵卷云,蓝白相间,尤如蓝天白云,富有
层次感。整器形制规整,青花发色纯正,画工自
然流畅。

五彩寿字纹盘
Polychrome Plate with Character *"Shou* 寿 (Longevity)"

明·嘉靖 Jiajing Era (1522—1566), Ming
高2.8厘米 口径14.4厘米 底径9.3厘米

敞口，弧腹，圈足。内外施白釉，匀净莹泽。五
彩色彩鲜艳，画面生动，寓意吉祥。盘中央绘一
曲枝果树，树上结满果实，枝杆拗成一个"寿"
字，树侧辅以灵芝仙草。盘外壁亦绘三组同样的
纹饰。外底书青花"大明嘉靖年制"六字二行楷
书款。

黄釉暗花盘

Yellow-glazed Plate with Veiled Designs

明·嘉靖 Jiajing Era（1522－1566），Ming

高4厘米　口径15.7厘米　底径8.9厘米

胎质坚润。口微撇，弧腹，圈足。盘内外满施黄
釉，釉面均匀，釉色肥润，色泽娇艳。器底施透
明釉，釉色白中泛青绿色，釉内气泡细小、密
集。盘内中心暗刻折枝花卉，盘外壁暗刻缠枝花
卉。外底青花双圈内书"大明嘉靖年制"六字二
行楷书款。

酱釉双龙戏珠纹香炉
Dark Brown-glazed Censer with Design of Two Dragons
Playing a Pearl

明·嘉靖 Jiajing Era (1522-1566), Ming
高12厘米 口径13.7厘米 底径12.8厘米

造型稳重, 胎体厚实。平口、厚唇, 筒身, 底有
三足。炉内素白, 外壁及器底施酱色釉, 釉面匀
净肥润。酱釉也称紫金釉, 因釉料中含有紫金土
而得名, 是一种以铁元素为着色剂的高温釉,
颜色接近芝麻酱色。腹部以白色双龙戏珠纹为装
饰, 双龙张牙舞爪, 气势不凡, 龙体矫健, 身躯
翻腾转侧, 周围间以祥云。

青花八仙纹大碗

Blue-and-White Bowl with the "Eight Immortals" Design

明·万历 Wanli Era (1573—1620), Ming

高8.4厘米 口径17.4厘米 足径6.4厘米

胎质洁白细腻。直口微侈，斜壁，圆弧腹，向内收敛式圈足，足内底心微凸。釉色白中闪青，青花发色浓艳，浓中泛紫，是使用西域回青料的结果。内外纹样均以青花绘成，内壁绘缠枝灵芝花托"福如东海，寿比南山"八字，内心双圈中绘正面五趾团龙纹，器外壁绘八仙图。外底青花双圈内有"大明万历年制"六字二行楷书款。

青花开光花果纹碗

Blue-and-White Bowl with Flower and Fruit Medallion
Design

明·万历 Wanli Era (1573—1620), Ming

高6.4厘米 口径12厘米 底径5.3厘米

胎体厚薄均匀，胎质洁白细腻。撇口，弧腹，圈
足。通体施白釉，釉色白中微泛青，釉面滋润匀
净。碗内心青花双圈内绘折枝花果纹，圈外绘四
组折枝花卉纹。碗外壁以青花留白技法绘缠枝花
卉及硕果纹，腹部饰四组开光，开光内绘折枝花
果纹。外底青花双圈内书"大明万历年制"六字
二行楷书款。

青花提篮花卉纹盘

Blue-and-White Plate with Flower and Bouquet Designs

明·万历 Wanli Era (1573—1620), Ming

高2.5厘米 口径14.2厘米 底径8.6厘米

胎质细腻。敞口，浅腹，圈足。通体施白釉，釉色匀净莹润。整器以青花装饰，青花发色沉稳。盘内心青花双圈内绘提篮花卉，篮中满饰花卉枝叶，内壁饰杂宝纹和折枝竹等纹饰。盘外壁绘四组缠枝牡丹纹。此器造型规整，装饰纹样布局疏密有致，繁而不乱，笔法工整精细。外底青花双圈内书"大明万历年制"六字二行楷书款。

青花梵文莲花纹菱口洗

Blue-and-White Brush-washer with Sanskrit Character and Lotus Petal Designs and Water Chestnut-flower-shaped Rim

明·万历 Wanli Era (1573—1620), Ming

高5.5厘米 口径19厘米 底径5.7厘米

胎质洁白细腻。菱形花瓣口，斜弧腹，圈足。釉面匀净肥润，盘内壁绘两层仰莲瓣纹，莲瓣内饰如意云。盘内底绘两层覆莲瓣纹，中心书梵文。外壁绘折枝花卉，间隔梵文。青花发色淡雅，画面在莲瓣的一仰一覆之间形成似盛开的莲花，又似莲台，具有三维效果，十分罕见。外底青花双圈内书"大明万历年制"六字二行楷书款。

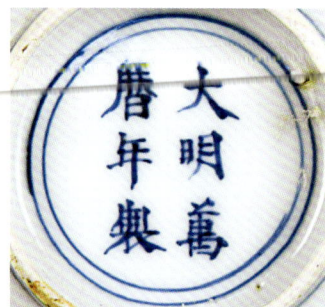

青花海水云龙纹高足杯
Blue-and-White Goblet with Sea Wave, Cloud and Dragon Designs

明·万历 Wanli Era (1573—1620), Ming

高8.8厘米 口径10.1厘米 底径4.6厘米

平底高圈足。釉面平整，乳白莹润，青花发色蓝中泛紫。杯外壁饰两条云龙，一条仰首向前追赶，另一条回首嬉耍，在天空中穿云追逐，腹部为海水山石，杯把饰十五朵云纹。杯心青花双圈内书"大明万历年制"六字楷书款。

青花人物纹碗

Blue-and-White Bowl with Human Figure Design

明·万历 Wanli Era (1573—1620), Ming

高6.4厘米 口径11.9厘米 底径4.4厘米

此碗器形甚规整，外足匀称，内足深凹。器内口沿有青花双弦纹，碗心青花双圈内绘童子，席地而坐。器外口沿和碗底分别绘双蓝弦纹。外腹壁绘人物四个，体态自然，很有神趣，并绘有山、石、树等作为衬托。外底绘有青花古钱，钱的内框写有"长命富贵"四字吉祥款。

青花松鹿灵芝纹八棱盒

Blue-and-White Octagonal Case with Pine, Deer and
Auspicious Fungi Designs

明·万历 Wanli Era (1573—1620), Ming

高8.8厘米 口径12.6厘米 底径10厘米

器形扁鼓，呈八棱形，子母口，浅圈足，盒盖圆
拱，顶面平。外壁以青花装饰，盖面和盒身开光
内绘灵芝纹，盖顶绘松鹿灵芝纹，喻意吉祥，并
布置山石、花草和祥云等图案，近足处饰回纹一
周。此器胎体厚重，造型古朴大方，青花发色浓
重艳丽，纹饰层次丰富，画面密而不繁，绘工细
腻，线条自然流畅。

抹红海水飞兽纹高足杯

Blue-and-White Goblet with Red Sea Wave and Flying Beast Designs

明·万历 Wanli Era (1573—1620), Ming

高8.9厘米 口径9.7厘米 底径4.8厘米

平底高圈足。釉面平整，乳白莹润，青花发色微泛紫。杯外壁红彩绘海水，间以青花苍龙、麒麟、海马、飞象、狮子、瑞鹿、鸾雀和鲤鱼等，杯把为红彩海水山石。白色杯心为青花双圈"大明万历年制"六字二行楷书款。

五彩鱼藻纹小碗

Small Polychrome Bowl with Fish and Waterweed
Designs

明·万历 Wanli Era (1573—1620), Ming

高4厘米 口径10.3厘米 底径5.1厘米

小折沿口，腹较深，浅圈足。釉面细润，呈乳白
色，青花色调蓝中泛紫。器内壁饰有五朵青花
云，中心青花双圈内绘正面云龙。外壁纹饰由青
花鱼（鲭、鲋、鲤、鲫、鳜等）八条和水藻四条组
成，并在釉面上用绿、黑、抹红加接青花水藻，
在鱼上部空间用黄、绿、黑、抹红等彩绘小花九
朵，好似鱼在水藻中惬意潜游。外底青花双圈内
书"大明万历年制"六字二行楷书款。

五彩人物纹盘

Polychrome Plate with Human Figure Design

明·万历 Wanli Era (1573—1620), Ming

高3.1厘米 口径19厘米 底径13.2厘米

胎质细腻光滑，敞口，弧腹，圈足。通体施白釉，釉质匀净肥润，足脊露胎。盘内沿边以青花和五彩绘葫芦纹，盘心绘山石人物花草，外壁饰八宝纹，足端饰一圈云纹。外底青花双圈内书"大明万历年制"六字二行楷书款。

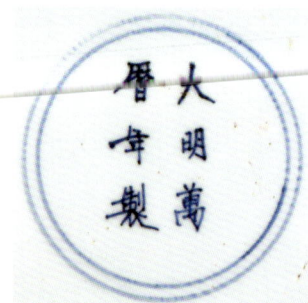

青花松竹梅纹碗
Blue-and-White Bowl with Pine, Bamboo and Plum
Blossom Designs

明 Ming

高7厘米 口径15.2厘米 底径5.8厘米

口微撇，弧形腹，圈足稍内敛。通体施釉。内口
有梅花点、斜方格纹一周，碗心青花双圈内绘松
梅竹石图。外口有梅花点方纹两周，腹部饰松竹
梅三友图两组，顺序排列，近圈足处绘四条弦
纹。

三彩褐斑虎枕
Three-color-glazed Tiger-shaped Pillow with Brown
Spots

明　Ming

高16.6厘米　长28厘米　宽10.7厘米

器中空，胎呈红棕色，在施有白色的化妆土上
用绿、黄、棕褐三色装饰。整器造型为一只匍
匐于须弥座上打瞌睡的老虎，虎目微睁，口含
仙草，缩颈低头，四肢趴卧，虎尾随身形蜷至
老虎腹部。

龙泉窑暗花菱口碗

Bowl with Veiled Designs and Water Chestnut-flower-
shaped Rim, Longquan Ware

明 Ming

高12厘米 口径24.3厘米 底径10厘米

胎体坚致。菱花口，花瓣形深腹，圈足。底部有
一周垫烧痕迹，火石红明显。通体施青釉，釉色
均匀，釉质肥厚，莹润光泽。器口沿内外刻有弧
线边饰，内底中心暗刻花卉纹，内外壁暗刻缠枝
花卉纹。

龙泉窑暗花莱菔尊

Radish-shaped Celadon *Zun*-vessel with Veiled Designs, Longquan Ware

明 Ming

高34.9厘米 口径7.1厘米 底径10.2厘米

胎体厚重，瓶体修长，椭圆形瓶身，形若莱菔，
即萝卜，俗称"萝卜尊"。唇口，短直颈，溜
肩，长腹下敛，圈足，足端露胎。通体施青釉，
釉层薄而透明，光泽度较强，釉面有开片。外腹
刻有缠枝牡丹花纹饰，胫部饰菊瓣纹。整器图案
构图疏密得体，枝条花叶互相缠绕，线条活泼流
畅，刻工精细。

龙泉窑大盘

Large Plate, Longquan Ware

明 Ming

高9.8厘米 口径47厘米 底径17厘米

器形硕大，制作规整。胎体厚重，胎色灰白，胎
质细腻。敞口、弧壁、圈足，涩圈露胎一周呈火
石红。通体施青釉，釉面莹润光亮，釉色青翠浓
厚。盘心浅刻一株折枝牡丹，刻工娴熟，刀法流
畅。牡丹历来被视为"国色天香，雍容华贵"，
所谓"牡丹，花之富贵者也"。此类纹饰在明初
景德镇官窑青花大盘中也十分常见，体现的是一
种皇家贵族的审美品味。

德化窑白瓷凸花高足簋

White-glazed *Gui*-vessel with Embossed Designs and
High Foot, Dehua Ware

明 Ming

高9.9厘米 口径14厘米 底径10.9厘米

胎质润白如玉。敞口，平沿，短束颈，扁鼓腹、
胫部折收，外撇圈足。足端露胎。内外施白釉，
釉质肥厚滋润如凝脂，似象牙白。颈部饰凸花一
周，颈腹部饰双瑞兽耳，圈足外侧饰回纹两周。
明洪武二年（公元1369年），朱元璋诏令"凡祭
器皆用瓷"，从而仿青铜造型的瓷质簋、簠、
爵、觚、香炉等陈设供器也被当作贡品，在宗庙
社坛、敕封寺观以及陵墓中出现。

广窑褐彩魁星像

Literature God Statue with Brown Spots, Guang Ware

明 Ming

高23厘米 底径5.2厘米

胎质坚致，色白微灰。通体施釉，但不到底，釉为乳浊釉，聚厚处呈乳白色，薄处呈透明色，在人物的发髻、眉毛、眼睛、项圈、手镯、脚镯、衣褶边缘及帛带处着褐彩。整个塑像比例协调，生动地描绘了"鬼举足而起其斗"之魁星状。"魁星"是我国古代神话中"奎星"的俗称，又称"文曲星"，是主宰文章兴衰的神。

德化窑达摩立像
Standing Statue of Bodhidharma, Dehua Ware

明 Ming

高12.6厘米

通体施透明釉，釉色温润如玉，微带牙黄，砂底
无釉，中空。整个造型比例恰当，形象生动。达
摩容貌威严，身材伟岸，广额深目，高鼻挺直，
满脸虬须，身穿袈裟，双手拢袖于胸前，赤足立
于波涛之中，随风上下，御风作渡海状，衣褶旋
回转折，线条圆润流畅，形象超凡绝尘，神采飞
动。

清代瓷器

青花天女散花纹碗
Blue-and-White Bowl with Design of Apsaras
Dispersing Flowers

清·顺治 Shunzhi Era (1644—1661), Qing

高7.2厘米 口径12.9厘米 底径6厘米

器形规整，胎质细腻。撇口，深腹微收，圈足。
器足高深，足边圆滑齐整，釉色白中闪青，青花
色泽淡雅，呈色稳定。器内心青花双圈内绘婴戏
图。外壁绘有两组带有浓厚唐朝风韵的天女散
花纹饰，人物生动逼真，衣纹动感飘逸。外底青
花双圈内书"大清顺治年制"六字二行楷书款。
（申宗钊捐赠）

青花冰梅纹大碗
Large Blue-and-White Bowl with Plum Design over Ice-
crackle Background Pattern

清·康熙 Kangxi Era (1662—1722),Qing
高9.5厘米 口径20厘米 底径9.4厘米

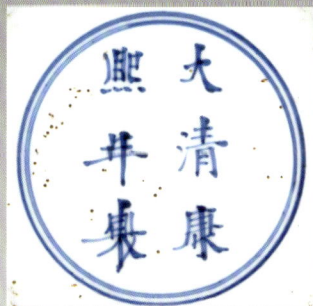

胎体坚致。敞口,深弧腹,矮圈足。以青花冰梅
纹装饰,采用青花浑水技法,层次丰富,深浅分
明。留白处绘梅花纹,画工精细,梅花朵朵盛
开,树干苍劲有力。外底青花双圈内书"大清康
熙年制"六字二行楷书款。冰梅纹是康熙时期创
烧的一种装饰纹样。此器制作规整,典雅秀美,
为康熙朝之佳作。

青花镂空开光人物故事纹碗

Blue-and-White Bowl with Openwork Patterns and
Human Figure Medallion Design

清·康熙 Kangxi Era（1662—1722）,Qing

高8.9厘米 口径22.1厘米 底径9.3厘米

胎质洁白细腻。撇口，深腹，圈足。通体施白
釉，釉面匀净滋润。碗内素白，碗口外沿青花绘
织锦花纹，腹部以镂空几何纹装饰，并饰有六
组开光，开光内青花绘人物故事图，画面生动活
泼，人物栩栩如生，色彩丰富，层次分明。近足
处以青花绘如意云头纹、变体莲瓣纹和卷草纹。
底有篆书"玉堂雅器"款。

米黄地五彩八骏图碗
Buff-glazed Bowl with Polychrome Eight-Courser Design

清·康熙 Kangxi Era (1662-1722), Qing
高8.8厘米 口径20.2厘米 底径9.6厘米

胎质坚致洁白。敞口，弧腹，圈足。碗内壁及足内均施白釉，釉色莹润。外壁釉色匀净温润如粟米，故称"米黄釉"。主题纹饰为"柳下八骏图"，柳树迎风飘拂，枝叶描绘精细逼真，山石层次感强烈，八匹骏马姿态各异，或立或卧，或相互偎依，肤色的深浅过渡自然柔和。

畫棟前臨楊柳岸
青帘高掛杏花村

五彩山水人物纹盘

Polychrome Plate with Landscape and Human Figure
Designs

清·康熙 Kangxi Era (1662–1722), Qing

高4.1厘米 口径27厘米 底径16.4厘米

胎质坚致洁白，造型规整。撇口，浅弧腹，圈
足。通体施白釉，釉色匀净肥润。盘内以五彩绘
山水人物图，山峦起伏，古树参天，纹饰施彩浓
艳，层次分明，宛如设色青绿山水，山石皆用青
绿皴染。构图疏密恰当，绘画细腻，并附有诗
文："画栋前临杨柳岸，青帘高挂杏花村。"

五彩仕女盘

Polychrome Plate with Beauty Design

清·康熙 Kangxi Era (1662—1722), Qing

高5厘米 口径20.3厘米 底径8.2厘米

胎质洁白细腻，形制规整。侈口、弧腹、圈足。口沿施酱釉，余施白釉，釉色微泛青，釉面莹泽滋润。盘内壁用五彩绘庭院仕女图，山石花卉间有两女子站于杨柳下，似在赏花，女子面廓勾勒流畅，形体比例协调。整器用色鲜艳，构图饱满，疏密有致，画笔工细严谨。并附有诗文："金莲蹴损牡丹芽，玉簪抓住荼蘼架。"

五彩麒麟纹盘

Polychrome Plate with Kylin Design

清·康熙 Kangxi Era (1662—1722), Qing

高2.7厘米 口径20.2厘米 底径13.5厘米

胎质洁白细腻，撇口，弧腹，矮圈足。通体施白釉，釉面有明显的缩釉点。器内壁口沿处以黄、绿、蓝、黑、金等色彩在釉面上绘包袱锦及开光八宝一周。盘内壁绘一回首麒麟，麒麟威壮，形象生动，旁辅以云彩、山石、小草、火焰和月亮等纹饰，构成一幅麒麟望月图。

仿成化五彩花蝶纹盘

Polychrome Plate with Floral and Butterfly Designs In Chenghua Style of the Ming Dynasty

清·康熙 Kangxi Era (1662—1722),Qing

高3.6厘米 口径17.2厘米 底径10.7厘米

胎质细腻。敞口,浅弧腹,圈足。通体施白釉,釉面匀净光亮。盘内外以蝴蝶和过墙樱桃为饰,红桃绿叶,描绘精细,形象生动。器足绘花枝,由器足攀过盘沿一直延伸至盘内,另有四只粉蝶飞翔于盘内外。外底青花双圈内书"大明成化年制"六字二行楷书寄托款。

此盘为康熙御窑仿明成化器物。整器造型秀美,色彩淡雅,画工精细,尤其"过枝"图案构思巧妙,浑然一体。

五彩花篮纹菊瓣盘

Polychrome Plate with Bouquet Design

清·康熙 Kangxi Era (1662－1722), Qing

高3.5厘米 口径21.5厘米 底径11.9厘米

胎质洁白细腻。器身呈菊瓣式，敞口，浅弧腹，圈足。通体施白釉，釉色莹润，白中微闪青色。盘心五彩绘花篮图，花篮内满插各式花卉，百花齐放，色彩艳丽，笔法流畅。纹饰均以墨线勾廓，再分别填以红、黄、绿、褐等彩料，画面富丽堂皇，色彩鲜艳明快，一派生机勃勃的景象。"花篮图"始创于明代宣德朝，流行于明嘉靖、万历朝，盛名于清代康熙朝，以民窑多见，是在烧好的白瓷上用红、绿、紫、黄等色彩绘，再经低温烘烤而成。

五彩薄胎鸡缸杯

Polychrome Eggshell Porcelain *Jigang* Cup (Jar-shaped Cup with Chicken Motif)

清·康熙 Kangxi Era (1662-1722), Qing

高3.7厘米 口径8.4厘米 底径2.8厘米

胎质细腻，胎体轻薄，呈半透明状，几近于半脱胎瓷器，扣之声音清脆入耳。口微外撇，弧腹，卧足。通体施白釉，釉色莹润光洁，犹如凝脂。纹饰以蓝、红、黄、绿、赭诸色绘制，外壁绘雄鸡率领雏鸡觅食图，画面衬以山石、花草，色泽鲜亮而柔和。底有青花"适意"双圈楷书款。整个器物小巧玲珑，极为可爱，因其形状似缸，并绘鸡的图案，故名"鸡缸杯"。明成化斗彩鸡缸杯曾名噪一时，清代各朝多有仿造，尤以康熙、雍正时所仿最佳，几可乱真。

五彩笔筒
Polychrome Writing-brush Pot

清·康熙 Kangxi Era (1662-1722),Qing

高15厘米 口径18厘米 底径18厘米

器形规整，胎体厚实。平口，直筒，深腹，玉璧形底。器内外施白釉，釉质肥润，底面中圈施白釉。外壁以五彩绘六只团鹤，团鹤之间补以云纹，云纹潇洒生动，团鹤苍劲有力。整器构图疏密得体，色彩鲜洁亮丽，图画精美细致，是文房用具之精品。

五彩折枝花卉纹花觚

Polychrome *Gu*-goblet with Plucked Branch and Flower Designs

清·康熙 Kangxi Era（1662－1722）,Qing

高19.2厘米 口径10.5厘米 底径6.2厘米

胎质洁白细腻。三段式，上部为喇叭口，中间略凸，下部外撇，二层台式圈足。通体施白釉，釉面匀净光润。全器以五彩折枝花卉装饰，用锯齿纹隔成三段。整器古朴典雅，庄重秀美，纹饰疏朗有致，五彩鲜艳明亮，给人清晰雅致之感。

虎皮三彩盘

Mottled Three-color-glazed Plate

清·康熙 Kangxi Era (1662-1722), Qing

高4.4厘米 口径16.8厘米 底径10.3厘米

器形规整，胎体坚致。敞口、弧腹、圈足。釉质肥润，通体施虎皮三彩釉。虎皮三彩釉是清代康熙时期素三彩品种之一，以黄、绿、紫三色彩釉在器物上相互交融，晕染成不规则的斑块，因酷似虎皮，俗称"虎皮斑"、"虎皮三彩"。此盘施彩均匀，绿、黄相间，釉彩古朴典雅。

釉里红摇铃尊

Underglaze Red-glazed Bell-shaped Zun-vessel

清·康熙 Kangxi Era (1662-1722),Qing

高17.9厘米 口径3.9厘米 底径10.4厘米

胎质洁白细腻。唇口、长直颈、溜肩、隐圈足。釉色白中微闪青，莹润光亮。主题纹饰为两组对称的釉里红夔凤纹，凤凰以青花点睛，形象生动。釉里红发色鲜亮艳丽，风格简洁素雅。底书"大清康熙年制"青花六字三行楷书款。此尊造型优美，红白对比，雅静宜人。为康熙朝典型器物。

豇豆红搪锣洗

Kidney-bean-red-glazed Gong-shaped Bowl

清·康熙 Kangxi Era（1662－1722），Qing

高3.5厘米 口径8.3厘米 底径7.5厘米

胎质莹白，造型规整。口内敛，扁圆腹，底内
凹，窄圈足。外施红釉，釉色细腻润滑，色调淡
雅宜人，酷似豇豆的红色，故称"豇豆红"，
釉色中带有绿色苔点，幽雅清淡，又称为"美人
醉"或"美人霁"。外底书青花"大清康熙年
制" 六字三行楷书款。

年 康 大

製 熙 清

豇豆红印盒
Kidney-bean-red-glazed Seal Case

清·康熙 Kangxi Era (1662—1722), Qing

高3.8厘米 口径6.5厘米 底径4厘米

整器造型轻灵秀美。扁圆形,上下子母口扣合严实,底部微凹,呈窄细的小圈足。外施红釉,釉质匀净细腻,色调淡雅。器物底足内白釉青花书"大清康熙年制"六字三行楷书款。

郎窑红釉梅瓶

Sang-de-boeuf-glazed Plum Vase

清·康熙 Kangxi Era（1662-1722），Qing

高18.3厘米 口径3.6厘米 底径6.4厘米

胎体坚实。唇口，短颈，丰肩，鼓腹下收，近足微撇。通体施红釉，釉质匀净，釉面鲜亮，有冰裂状细小开片。"郎窑红"是清康熙朝创烧的一种高温铜红釉，相传是康熙四十四年至五十一年（1705-1712）江西巡抚郎廷极主持景德镇窑务时督烧的官窑产品，故名。口沿因釉层薄而露白色，圈足聚釉处呈滴注状却不往下流，故有"脱口垂足郎不流"之说。

郎窑红釉鱼尾尊

Sang-de-boeuf-glazed Fish-shaped Zun-vessel

清·康熙 Kangxi Era（1662—1722），Qing

高24.1厘米 口径8.1厘米 底径6.3厘米

胎体坚实。撇口，束颈，溜肩，鼓腹，高圈足。
通体施红釉，釉色匀净沉稳，如同夏熟的红枣。
釉面流动性较强，器身越往下红色越浓重，釉面
上有冰裂状细小开片。

酱釉碗

Dark Brown-glazed Bowl

清·康熙 Kangxi Era (1662—1722),Qing

高6厘米 口径12.4厘米 底径6.7厘米

胎质洁白细腻。敞口，深弧腹，圈足。通体施酱色釉，釉面匀净光亮，口沿因垂釉而显露白色胎骨，外底施白釉，青花双圈内书"大清康熙年制"六字二行楷书款，字体规整大方。酱色釉又名"紫金釉"，渊源可上溯到宋代定窑的紫釉，世称之为"紫金定"。又因釉色似僧人常穿的裟裟，而被称作"老僧衣"。清顺治、康熙朝非常流行酱色釉器。

孔雀绿釉缸

Malachite Green-glazed Urn

清·康熙 Kangxi Era (1662–1722), Qing

高14厘米 口径20.8厘米 底径10.7厘米

唇口，短直颈，弧腹，卧足。器内底施白釉，内外壁满施孔雀绿釉，釉面满布细小开片，釉色绿中透蓝，釉质莹润。孔雀绿釉是一种以铜为呈色剂、以硝酸钾为主要助熔剂的中温颜色釉，因其呈色翠绿明丽似孔雀羽毛而得名。孔雀绿釉是低温釉，需二次烧成，先烧成涩胎瓷，然后施孔雀绿釉，最后入低温炉烘烤而成。《饮流斋说瓷》中评价："各种青绿，深色诸绿以孔雀绿为最可爱，葱翠夺目，制亦近罕。"

青花缠枝花卉纹大碗

Blue-and-White Bowl with Intertwined Floral Designs

清·雍正 Yongzheng Era (1723—1735), Qing

高13厘米 口径26厘米 底径11.3厘米

胎质洁白致密。撇口，深腹，胫部弧收，粗矮圈足，足端露胎，削修圆浑呈泥鳅背，通体施白釉，釉面光洁莹润。碗内壁素白，外壁饰青花缠枝花卉，青花色泽纯正，色彩柔和悦目，清新淡雅。外底青花双圈内书"大清雍正年制"六字二行楷书款。整器制作规整，饱满浑圆，端庄大方，为雍正朝佳器。

青花大盖碗
Large Blue-and-White Tureen

清·雍正 Yongzheng Era (1723—1735),Qing
高12.9厘米 口径18.7厘米 底径8.6厘米

胎质洁白细腻。碗盖拱起，抓纽中空，碗身撇口，深腹，腹下斜收至底，圈足。通体施白釉，釉质洁白肥润，釉面匀净亮泽。盖面及碗身以青花绘"三多果纹"，即以石榴、佛手、寿桃组合纹饰，其中石榴寓意多子，佛手寓意福气，桃寓意多寿。三者结合，寓意多子多福多寿。

青花矾红寿山福海纹碗

Blue-and-White Bowl with "Alum Red" (Red from Iron Oxide) Designs of Longevity (Symbol is Crane) Mountain and Happiness (Symbol is Bat) Sea

清·雍正　Yongzheng Era (1723—1735), Qing

高8.9厘米　口径26.1厘米　底径9.6厘米

胎质坚硬致密。敞口，斜直腹，圈足。通体施白釉，釉色莹润。器内壁口沿处以青花绘祥云，下绘五只展翅翱翔的仙鹤，碗心绘海水波涛纹。上腹部用青花勾廓，以矾红金彩绘五只展翅飞翔的蝙蝠，青花与矾红相映，色泽鲜明。器外壁下腹部用青花绘海水波涛和海中仙山，笔触细腻，发色淡雅，富有层次。外底书"大明成化年制"青花六字二行寄托款。

青花矾红云蝠纹盖碗（一对）

Blue-and-White Tureens with "Alum Red" Designs of Cloud and Bat Designs (a pair)

清·雍正 Yongzheng Era (1723—1735), Qing

高7.9厘米 口径9.1厘米 底径3.6厘米

胎质坚硬致密。此对盖碗碗盖拱起，抓纽中空，器身撇口，深腹，腹下斜收至底，圈足。通体施白釉，釉色莹润。盖面及器身以青花绘祥云，以矾红绘蝙蝠。红彩蝙蝠在天上祥云间翻飞，绘画细致流畅，色彩鲜艳，整幅图案表达了"洪福齐天"的寓意。外底青花双圈内书"大清雍正年制"六字三行楷书款。

矾红竹纹碗（一对）

"Alum Red"-glazed Bowls with Bamboo Design (a pair)

清·雍正 Yongzheng Era (1723—1735),Qing

高4.9厘米 口径11.4厘米 底径4.5厘米

胎体轻薄，胎质洁白细腻。敞口、弧腹、圈足。
通体施白釉，釉色洁白莹润。碗内素白，外壁以
竹纹装饰，竹竿、竹叶均以矾红勾勒轮廓线，内
填单一红彩。釉色均匀艳丽，纹饰描绘细腻，
线条流畅自如。外底青花双圈内书"大清雍正年
制"六字三行楷书款。

仿哥窑八卦纹琮式瓶
Cong-Prism-tube-shaped Vase with Eight-Trigram Pattern, Ge Kiln Style

清·雍正 Yongzheng Era (1723-1735), Qing
高26.7厘米 口径8厘米 底径10.7厘米

形体敦厚。圆口，短颈，平折肩，方形瓶身，圈
足。通体满施仿哥釉，釉质温润晶莹，釉面满布
开片，足端呈黑褐色。腹部四面凸起八卦纹。琮
式瓶因其形如玉琮，故名，出现于南宋，是龙泉
窑仿照周代玉琮并加以变化而烧制的特殊瓶式之
一，又因其腹有凸起八卦纹，亦名"八卦瓶"。
（尤静初捐赠）

仿哥窑达摩立像
Standing Statue of Bodhidharma, Ge Kiln Style

清·雍正 Yongzheng Era (1723—1735),Qing

高32.3厘米

此器中空，底有1.5厘米的方孔（防止烧制时爆裂）。整器除脸、胸、足外均施粉青色釉，釉内气泡密集，釉面有开片，其出窑后先在大裂纹中嵌入黑褐色的紫金土，待完全冷却后再置入黄色的汁水中，使小片充分着色，使其呈现"金丝铁线"的效果。达摩圆目凸瞪，鼻梁高挺，双耳长垂，眉须卷曲，口露白齿，身穿裂裟，头戴风兜，两足跣露，双手拢袖于胸前，神志飘逸，栩栩如生。

仿哥窑双狮耳盘口瓶

Vase with Dish-shaped Rim and a Pair of Lion-shaped
Handles, Ge Kiln Style

清·雍正　Yongzheng　Era　(1723-1735), Qing

高37.3厘米　口径19.7厘米　底径14.7厘米

胎体厚重。盘口，束颈，颈部两侧饰对称狮耳，
鼓腹，圈足。外口沿饰如意云头一周，腹部上下
以如意云头和回纹装饰。通体施仿哥釉，釉色
呈灰黄色，釉面匀净亮泽，周身满布细小黑色开
片，隐显黄色小开片。

窑变釉圆洗

Round *Flambé* Washer

清·雍正 Yongzheng Era（1723－1735），Qing

高3厘米 口径13.2厘米 底径9.5厘米

唇口，弧腹，浅圈足。内外施窑变釉，釉质晶
莹，釉面有细密开片，底部施酱釉。器表以紫红
色釉为主，间以蓝色、月白色晕散互融。
窑变釉是清雍正时期仿钧釉而衍生出的一个新品
种，它是器物在窑内烧成时，由于窑中含有多种
呈色元素，经氧化或还原作用，出窑时呈现意想
不到的釉色效果。由于其出现出于偶然，形态特
别，故称之为"窑变"。

窑变釉兽耳尊

Flambé Zun-vessel with Beast-shaped Handles

清·雍正 Yongzheng Era（1723－1735），Qing

高34.5厘米 口径15.5厘米 底径14.7厘米

胎体坚实。侈口，短颈微收，圆腹外鼓，外撇圈
足。溜肩部凸起弦纹两周，内侧饰对称兽耳。通
体施窑变釉，釉色红、蓝、紫晕散互融，色彩变
幻，流淌自然。

洒蓝釉反口石榴尊

Salan (Snowflake Blue)-glazed Pomegranate-shaped
Zun-vessel with Flower-petal-shaped Rim

清·雍正 Yongzheng Era (1723—1735),Qing

高18.2厘米 口径7.6厘米 底径6.8厘米 最大腹径
15.6厘米

胎质坚致细白。石榴形，五瓣花口外撇、束颈、
圆肩、圆腹、卧底假圈足。通体采用钴彩料为着
色剂，釉面花纹犹如洒落的蓝色水滴，故称"洒
蓝"，又名"雪花蓝"、"青金蓝"。由于洒落
的钴料深浅不一，釉色形成了青、蓝、白错落有
致的斑点，似青蓝中飘洒点点雪片，颇为可爱，
并富有动感。外底书"大清雍正年制"青花六字
三行篆书款。

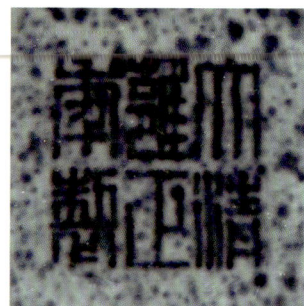

粉青釉反口石榴尊

Fenqing With Flower-Petal-Shaped Rim (Pale Blue)-glazed Pomegranate-shaped *Zun*-vessel with Flower-Petal-Shaped Rim

清·雍正 Yongzheng Era (1723－1735), Qing

高16.2厘米 口径6.9厘米

石榴形，五瓣花形唇口外翻，短束颈，溜肩，垂腹，平底。通体施粉青釉，釉色滋润柔和，匀净淡雅，釉面质感强烈，光洁明亮。外底书"大清雍正年制"青花六字三行篆书款。整器造型端庄，线条饱满流畅，古朴典雅，为不可多得的佳品。

灰青釉钵

Bluish Grey-glazed Palm Bowl

清·雍正 Yongzheng Era (1723—1735), Qing

高9.4厘米 口径14厘米 底径11厘米

胎质洁白细腻。敛口，圆鼓腹，平底内凹。通体
施灰青釉，釉层肥厚均匀，釉色温润亮泽。外底
书"大清雍正年制"青花六字三行篆书款。此类
佛教法器，景德镇御窑烧造者较为少见，具官窑
年款者更是少之又少。（申宗钊捐赠）

青花松鼠葡萄纹碗
Blue-and-White Bowl with Squirrel and Grape Designs

清·乾隆 Qianlong Era (1736−1795), Qing
高10.7厘米 口径22.4厘米 底径9.5厘米

胎质洁白细腻。撇口，深腹，圈足。通体施白釉，釉色匀净莹泽。外壁饰以青花松鼠葡萄纹，葡萄树干粗壮，藤蔓缠绕，枝繁叶茂，果实累累，饱满晶莹，数只神态各异、活泼可爱的松鼠在葡萄藤枝间穿行，栩栩如生。外底书"大清乾隆年制"青花六字三行篆书款。

青花缠枝莲托八吉祥纹大瓶

Large Blue-and-White Vase with Eight-Treasure
Designs held by Intertwined Lotus Branch and
Flower Designs

清·乾隆 Qianlong Era（1736—1795），Qing

高57.5厘米　口径24.2厘米　底径25.5厘米　腹径44.2
厘米

侈口，粗颈，丰肩，鼓腹渐敛，圈足外撇。肩部
置狮首衔环。器身满绘青花纹饰，口沿饰海水波
涛，颈部饰缠枝莲花，肩饰六组忍冬纹及如意头
云纹，腹部主题纹饰为缠枝圆寿字莲花十六朵相
托八宝"轮、螺、伞、盖、花、罐、鱼、肠"，
腹下部饰变体莲瓣纹，圈足饰海水波涛。器形规
整，层次丰富，绘工细腻，青花发色鲜艳。白釉
底书 "大清乾隆年制" 青花六字三行篆书款。

青花缠枝花卉纹象耳尊

Blue-and-White Zun-vessel with Interlocted Floral Designs and Elephant-shaped Handles

清·乾隆 Qianlong Era (1736-1795), Qing

高17.1厘米 口径6.8厘米 底径7.8厘米

口略撇，唇口，粗颈，斜溜肩，橄榄形圆腹，下腹渐收，圈足外撇。颈部两侧以象鼻作耳，形制典雅庄重。器外壁用青花装饰，自上而下有蕉叶纹、如意云头纹、缠枝花卉纹、变体仰莲瓣纹和卷草纹。整器纹饰繁复，层次分明，绘工精细。

青花如意耳葫芦瓶

Blue-and-White Double-gourd-shaped Vase with Symmetric Handles

清·乾隆 Qianlong Era (1736—1795), Qing

高31.9厘米 口径5.1厘米

器形新颖别致。器口圆形，上下部扁圆，椭圆形圈足，中间束腰似葫芦，对称的如意耳连接上下腹。器内外施白釉，釉色均匀，精细莹润，有玻璃质感。外壁以青花装饰，纹饰繁密，主题为双龙戏珠纹，葫芦上下腹中心分别以青花团形蝙蝠和团形寿纹装饰，寓意"福寿双全"，口沿及圈足处饰如意云头纹和卷草纹。

青花海水龙纹高足盘

Blue-and-White Stemmed Plate with Sea Wave and Dragon Designs

清·乾隆 Qianlong Era (1736—1795), Qing

高18.2厘米 口径23.2厘米 底径17.7厘米

胎体厚重，器形挺拔。直壁浅腹，下承高足，足内中空，外撇。盘内外施白釉，釉质润泽。外壁绘青花贯套花卉纹一周。足部满绘青花海水鱼龙变化图，鱼儿海中嬉戏，海水波涛中，一条出海蛟龙张牙舞爪腾空而起。高足边沿内书"大清乾隆年制"青花六字一行篆书款。（尤静初捐赠）

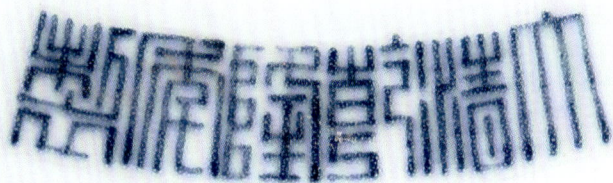

青花红彩海水龙纹大盘

Large Blue-and-White Plate with Red Sea Wave and
Dragon Designs

清·乾隆 Qianlong Era (1736—1795), Qing

高8.7厘米 口径47.9厘米 底径28.7厘米

敞口，板沿，浅腹圆弧，内直外敛式浅圈足。盘中心正面的"S"形喜珠立龙似在海水中腾跃，盘壁内外行龙与青花云纹一一相衬，似在天空云絮中追逐嬉乐，整体组成海水九龙图。画面气势磅礴，九龙或劈波斩浪，或穿行云间，色彩鲜丽明艳，对比强烈。外底书"大清乾隆年制"青花六字三行篆书款。

粉彩斋戒牌

Famille-rose Fasting Tag

清·乾隆 Qianlong Era (1736－1795),Qing

长6.7厘米 宽4.5厘米 厚0.8厘米

此器的形状似葫芦的一片切面，正反两面图案相同，内外边缘起棱。在葫芦壁的黄釉地上有红、绿、蓝等颜色绘的由杂花组成的缠枝花纹带，葫芦的束腰绕有橘红色飘带，并沿葫芦边缘垂落两侧。上下两圆内施白釉，书正楷"斋戒"两字，背面为满文"斋戒"，书法工整平稳。此牌是中国与西洋绘画风格的完美结合，制作精美，雅致精巧，是难得的艺术佳品。

白釉暗刻缠枝花卉纹碗（一对）

White-glazed Bowls with Veiled Incised Floral Designs
(a pair)

清·乾隆 Qianlong Era (1736-1795), Qing

高6.4厘米 口径13.5厘米 底径6.1厘米

胎质洁白细腻。撇口，深腹，圈足。通体施白
釉，釉色温润，釉面匀净亮泽。碗心双圈内暗刻
如意纹，内外壁暗刻缠枝花卉纹，近足处暗刻莲
瓣纹。刻工精细，线条清晰流畅。

仿宋官窑三管葫芦瓶

Three-spouted Double-gourd-shaped Vase, Style of Song Official Kiln

清·乾隆 Qianlong Era (1736—1795), Qing

高20.5厘米 口径1.8厘米 底径5厘米

胎体匀厚，质地坚细。葫芦形，等分为三瓣，器口各瓣均有一孔。通体施灰青釉，匀净润泽，釉面有开片，圈足露胎处施一层酱釉。此瓶取葫芦形而有所创新，器形新颖别致，釉色典雅，冰莹玉洁，格调高雅。底书"大清乾隆年制"青花六字三行篆书款。

仿宋官窑贯耳瓶（一对）

Vases with Tube-shaped Lugs, Style of Song Official
Kiln (a pair)

清·乾隆 Qianlong Era (1736-1795),Qing

高14.5厘米

仿汉壶形制。器身六面，器腹弧出，向上渐收敛
至颈，颈部两侧各饰一对贯耳，底承六方形台
座。满施淡灰色釉，釉面开片，足露铁骨。底书
"大清乾隆年制"六字三行篆书款。

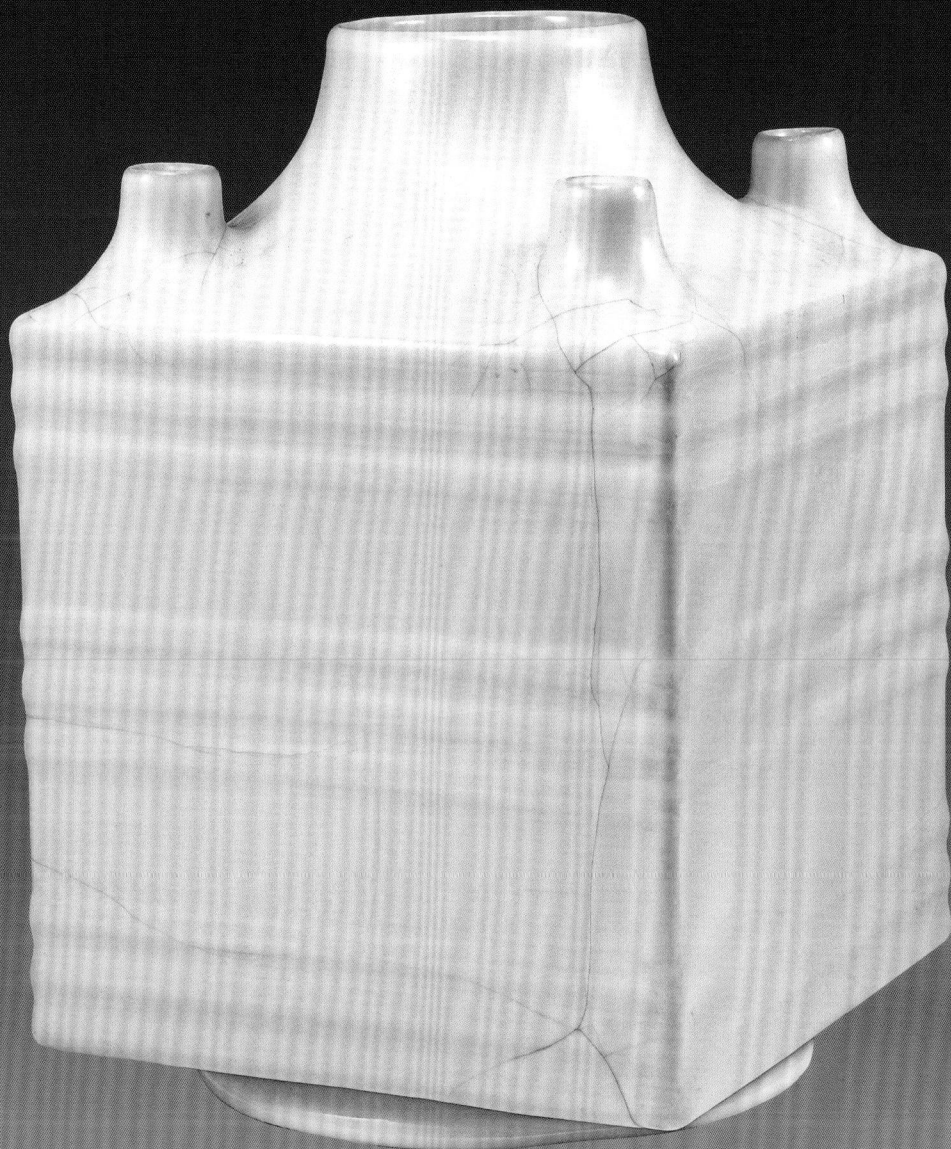

仿宋官窑五管瓶

Five-spouted Vase, Style of Song Official Kiln

清·乾隆 Qianlong Era (1736-1795),Qing

高27.5厘米 口径8厘米 底径16.5厘米

整器造型端庄典雅。五管，圆口，方腹中空，圈
足。器身满釉，釉面光润亮泽，釉色清新雅致，
开片形如冰裂，韵味幽远。器身以弦纹装饰，瓶
肩四角直立四个小圆管，中央一孔较大，高凸其
间，造型奇特，寓意"五岳朝天"。管内中空，
与腹相通。

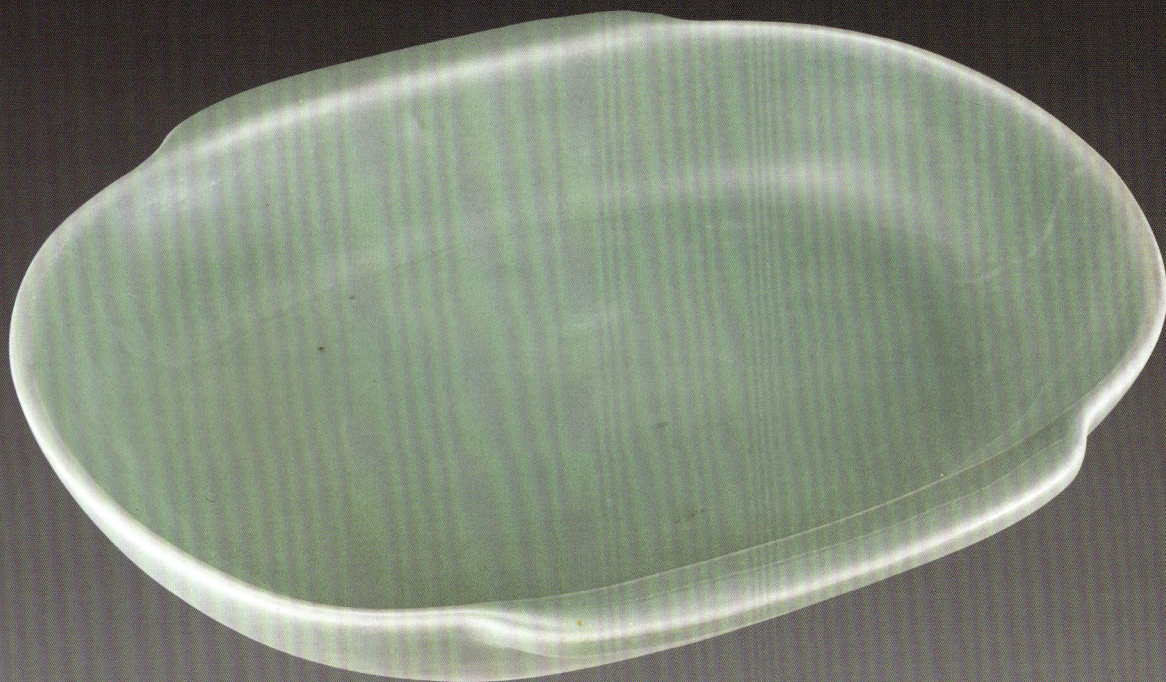

豆青釉人面洗

Pea Green-glazed Washbowl

清·乾隆 Qianlong Era (1736-1795) Qing

高3.8厘米 口径22.2×19.5厘米 底径15.7×11.8厘米

胎质细腻坚实。椭圆形，唇口，浅弧腹，椭圆形
圈足。通体施豆青釉，釉汁莹润，釉色纯正，
清翠淡雅，温润柔和，宛如碧玉。露胎处施酱
色釉。洗内外素面无纹，造型酷似人面，精巧可
爱。

豆青釉灯笼尊
Pea Green-glazed Lantern-shaped *Zun*-vessel

清·乾隆 Qianlong Era（1736—1795），Qing
高18.4厘米 口径5.8厘米 底径5.6厘米

胎质洁白细腻。撇口，短颈，筒形腹下渐收，圈
足。通体施豆青釉，釉面匀净润泽，足沿施酱色
釉。器外壁暗刻回形变体龙纹、蕉叶纹等纹饰，
刻工精细，纹饰清晰飘逸。灯笼尊以其形似灯笼
而得名，为雍正时期景德镇官窑所创烧，流行乾
隆年间，其品种较多，以青花、釉里红、粉彩和
炉钧等常见。（尤静初捐赠）

鱼子绿釉橄榄尊

Fish-roe-green-glazed Olive-shaped *Zun*-vessel

清·乾隆 Qianlong Era（1736－1795），Qing

高28.3厘米 口径6.7厘米 底径7.2厘米

整器胎体厚薄匀称，胎质坚硬细密，器形丰满浑厚，古朴典雅。器呈橄榄状，故称"橄榄尊"，又称"橄榄瓶"。敛口，口与底大小相近，中腰缓鼓，并有直条楞纹。上下两端及底、里均施酱色釉。中腰楞腹施鱼子绿釉，楞间鱼子绿釉厚釉处有鱼子纹状小开片。上端印有一周回纹及连续压叠"V"字形水浪纹边饰。下端印有一周连续"W"字形水波纹及鱼鳞纹边饰。

黄釉暗刻龙纹盘（一对）
Yellow-glazed Plates with Veiled Dragon Design (a Pair)

清·乾隆 Qianlong Era (1736–1795), Qing

高4.3厘米 口径17.2厘米 底径10.7厘米

器形古朴，胎体轻薄，形制规整。敞口、弧腹、圈足。内外施黄釉，匀净光亮，呈色娇嫩。外底施白釉，釉汁莹厚，有凝脂感。黄釉下暗刻龙纹，盘心饰戏珠云龙，外壁饰双龙戏珠纹。底书"大清乾隆年制"六字三行篆书款。

粉彩花卉纹葵口碗

Famille-rose Bowl with Floral Designs and Mallow-shaped Rim

清·嘉庆 Jiaqing Era (1796—1820), Qing

高7.3厘米 口径18.3厘米 底径7.7厘米

胎体轻薄，器形规整。花瓣形敞口，深腹渐收，圈足。内外壁施白釉。碗心绘花卉纹，外壁绘八组开光折枝花卉，近足处装饰凸纹莲瓣。底书"大清嘉庆年制"矾红六字三行篆书款。

珊瑚红地梅纹盘（四件）

Coral Red-glazed Plate with Plum Blossom Design

清·嘉庆 Jiaqing Era (1796—1820), Qing

高3厘米 口径14.8厘米 底径9.1厘米

敞口、浅弧腹、圈足。盘内壁素白，外壁施珊瑚红地留白绘梅花纹，层次分明，红白相映，艳丽美观。外底书"红荔山房"矾红四字二行篆书款。珊瑚红釉留白工艺始于乾隆官窑，其制作工艺是先烧成白釉碗，再于白釉上满施珊瑚红彩料，再刮绘勾勒花茎，露白形成花卉纹。

釉里红海水云龙纹笔筒

Underglaze Red Writing-brush Pot with Sea Wave
and Cloud-Dragon Designs

清·道光 Daoguang Era (1821—1850), Qing

高12.4厘米 口径6.5厘米 足径6.5厘米

胎质细腻洁白。直壁，圈足。釉面温润光亮。通
体釉里红绘双龙戏珠纹，周围辅以火焰、流云、
海水江崖作点缀。底书"大清道光年制"六字三
行篆书款。

斗彩鸳鸯荷花纹碗

Doucai Bowl with Mandarin Duck and Lotus Flower
Designs

清·道光 Daoguang Era（1821—1850），Qing

高7.4厘米 口径16.8厘米 底径10.3厘米

侈口、直壁、深腹，腹以下微收，卧足。青花边
饰与斗彩纹饰相互映衬，别具特色。内壁青花书
梵文一周，碗心双蓝圈内绘鸳鸯戏莲纹。外口沿
青花绘行龙赶珠纹一周，外壁绘一幅工整艳丽、
清秀妍雅的莲塘鸳鸯图。其先以青花勾勒莲塘、
鸳鸯、水草的轮廓，罩以透明釉，烧成以后再填
以红、黄、棕、绿等色彩入窑烘烤。外底有青花
"大清道光年制"六字三行篆书款。

五彩龙凤纹碗

Polychrome Bowl with Dragon and Phoenix Designs

清·道光 Daoguang Era (1821－1850),Qing

高7.5厘米 口径15.7厘米 底径6.3厘米

造型端庄，胎质洁白。侈口，弧形深腹，圈足。器内外施透明釉，釉色鲜亮，以红、绿、青花相配的纹样色彩艳丽，图案工整。碗心青花双圈内绘行龙赶珠纹，龙作侧立身、红身、黑发、黄爪、绿焰。外口沿以串枝八宝（轮、螺、伞、盖、花、罐、鱼、肠）和灵芝头做边饰。外壁绘龙穿花卉，两龙之间以凤纹相隔，组成花间龙凤戏珠纹。蓝色以釉下青花表现，龙纹主体以红彩渲染，故此类装饰有"五彩红龙"之称。外底有青花"大清道光年制"六字三行篆书款。

粉彩诸仙祝寿纹碗

Famille-rose Bowl with Design of Immortals
Congratulating Birthday

清·道光 Daoguang Era (1821—1850),Qing

高6.6厘米 口径13.9厘米 底径5厘米

胎质洁白细腻。敞口，弧腹，圈足。通体施白
釉，釉面温润光亮。碗内素白，外壁主题纹为
"诸仙乘槎祝寿图"，仙女姿态婀娜，福海碧波
荡漾，远处云端仙鹤飞翔，玉宇琼楼隐现其间。
外底书"嶰竹主人造"篆书款。

红釉盘

Red-glazed Plate

清·道光 Daoguang Era (1821—1850), Qing

高3厘米 口径14.3厘米 底径8.4厘米

胎休坚致细密。敞口，浅腹，圈足。盘内外施高温铜红釉，外底施白釉。釉色发色纯正，色彩娇而不艳，色泽深沉自然，釉面滋润莹洁。底青花双线方框内书"浩然堂制"四字二行楷书款。红釉瓷器是以含铜量高的添加剂掺入釉水中烧制而成，由于红色添加剂不稳定，因此红釉瓷器烧成的几率很低，有所谓"十窑九不成"之说。

木纹釉花盆

Wood-grain-glazed Flowerpot

清·道光 Daoguang Era (1821—1850), Qing

高19厘米 口径25.6厘米 底径22.5厘米

敞口，直腹微弧，卧足。内壁与内底施白釉，底开有一圆形渗水孔。外壁施仿木釉，腹部及近足处以绳纹装饰。此器木纹逼真，纹理清晰，富具质感，有天然木纹之美感，釉面光洁润滑，制作精致。木纹釉系清代景德镇窑的新品种。《饮流斋说瓷》载有："乾隆有专仿木制各皿，远望俨然如木，而实为瓷者，名曰'仿木釉'。"

雕瓷象牙色人物纹笔筒

Ivory-colored Porcelain Writing-brush Pot with Carved Human Figures

清·道光 Daoguang Era (1821—1850),Qing

高14.2厘米 口径15.5厘米 底径14.5厘米

胎质坚硬细腻，晶莹洁白。直口，筒形腹，底内凹呈浅圈足，器壁厚重，故口沿及足端面均较宽。在高温烧成的涩胎上施黄釉，再以低温二次烧成，釉色娇柔淡雅，釉面洁净，好似象牙的呈色。八仙观太极图剔划而成，人物均凸出器表，且有前后深浅之变化。八仙姿态各异，刻画得栩栩如生，衣纹皱褶也表现得飘逸自如，充分体现了制瓷工匠高超的雕刻技艺。器底有"陈国治作"阴文楷书刻款，旁并有"觉园珍玩道光丁未岭海冯子良志"墨铭。

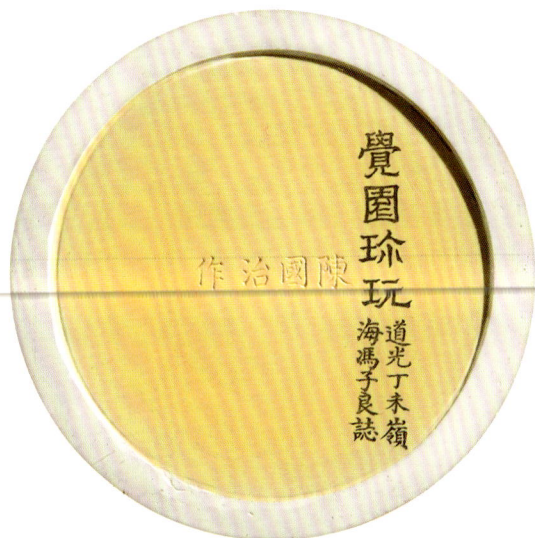

粉彩百鹿纹尊

Famille-rose Zun-vessel with One-Hundred-Deer Design

清·光绪 Guangxu Era (1875—1908),Qing

高45.5厘米 口径18.7厘米 底径23厘米

圆口，溜肩，腹部饱满浑圆，圈足。肩部饰对称鹿头耳。外壁粉彩满绘山水百鹿，构图紧密，绘画细腻。纹饰取自皇家牧场的景色，山林清泉间梅花鹿闲散悠然，有的在树旁采食，有的于泉边饮水，有的互相依偎，姿态各异，形象生动。此种器形因似倒置的鹿头，而称为"鹿头尊"，又因常以百鹿图为装饰，又名"百鹿尊"。

居仁堂粉彩梅鹊纹碗、盘

Famille-rose Bowl and Dish with Plum Flower and
Magpie Designs, Juren Tang

民国 Minguo (Republic Era,1912-1949)
盘口径为15厘米 碗口径依次为14.5厘米 12.6厘米
10.7厘米 9.2厘米

该套粉彩碗、盘造型为口弧而外侈，腹内折，圈
足。胎质精白如雪，彩质纯净，器内外以过枝手
法饰粉彩梅鹊图。图案绘工精细，白梅、红梅、
绿叶均以渲染表现出浓淡明暗的层次，极富立体
感。同雍乾官窑粉彩瓷器相比，毫不逊色。圈足
内有"居仁堂制"四字楷书款（共字具有 "居字
古横出尸劈，仁字二横不近人，堂字二点矮于头，制
字衣勾不连笔"之典型特征）。居仁堂为当时军阀
袁世凯在中南海的寓所，原名海晏堂，为清代慈
禧太后所建。这套器物由袁世凯第十三女袁经祯
（子经）捐赠，是存世很少的洪宪瓷真品，也是
鉴别洪宪瓷器真伪的标准器。